# Sumario

GRANDES ESPACIOS / OUTDOOR
302 / 7,90 €

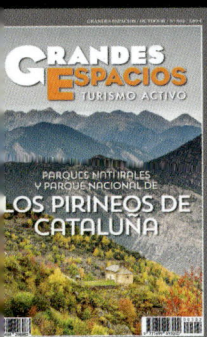

FOTO DE PORTADA
...ores otoñales en el paisaje
...ntañoso del Parque Natural de l'Alt
...neu. Foto: Archivo PNAP.

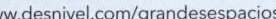

...ITA: Ediciones Desnivel S.L.
San Victorino nº 8 • 28025 Madrid.
...: 913 602 242 • Fax: 913 602 264
...andesespacios@desnivel.com
...w.desnivel.com

...rector: DARÍO RODRÍGUEZ.
...dactora: EVA MARTOS.
...rector de arte: GREGORIO ARRANZ.
...blicidad: MARÍA ÁNGELES TRUJILLO.
...stribución: MARÍA JOSÉ SANTAMARÍA

...prime: Nueva Imprenta. Papel ecológico
...talmente libre de cloro). Distribuye: SGEL.
...pósito legal: M-39544-1995
...SN: 1699-093000.
...BN: 978-84-9829-698-3

...uscripciones
...eléfono: 91 360 26 20
...orario de 9 a 16:00 h).
...uscripciones@desnivel.com
...ww.desnivel.com/suscripcion

X ◻ YouTube
...w.desnivel.com/grandesespacios

## EN ESTE NÚMERO

ENTRE CUMBRES Y LAGOS

### PARQUE NACIONAL DE AIGÜESTORTES I ESTANY DE SANT MAURICI

El único Parque Nacional de Cataluña alberga uno de las zonas más bellas no solo del Pirineo catalán, sino de todo el territorio pirenaico. Estaremos en un entorno de alta montaña, rodeado de valles, lagos glaciares y cumbres que superan los 3000 metros...

## Parques protegidos de los Pirineos de Cataluña

Tanto el único Parque Nacional de Cataluña, como los seis Parques Naturales de los Pirineos catalanes, contienen algunos de los paisajes más bellos de la cadena montañosa, ofreciendo refugio a especies protegidas y a una amplia biodiversidad. Unos espacios singulares que van desde cumbres de más de 3000 metros hasta descender al Mediterráneo.

PARQUE NATURAL DE L'ALT PIRINEU

PARQUE NATURAL DEL CADÍ-MOIXERÓ

PARQUE NATURAL DE LAS CABECERAS DEL TER Y DEL FRESER

PARQUE NATURAL DE LA ZONA VOLCÁNICA DE LA GARROTXA

PARQUE NATURAL DELS AIGUAMOLLS DE L'EMPORDÀ

PARQUE NATURAL DE CAP DE CREUS

## 1 PARQUE NACIONAL Y 6 PARQUES NATURALES

# LOS ESPACIOS MÁS VALIOSOS DE LOS PIRINEOS DE CATALUÑA

Un Parque Nacional, seis Parques Naturales, más de sesenta espacios de interés natural y diez reservas de protección especial conforman el patrimonio natural del Pirineo catalán, aunque la belleza de sus paisajes, con imponentes cumbres y amplios valles, así como las vivencias que nos regala, son incalculables.

Los paisajes de amplios y verdes horizontes son uno de los tesoros del Pirineo catalán. En la imagen, en una caminata por la alta montaña del Parque Natural de las Cabeceras del Ter y del Freser.

*«El Pirineo es una columna inmensa,*
*alzando al cielo su majestuosa cabeza;*
*porta por corona grandezas,*
*porta por cinturón un mar de hierbas frescas,*
*y por calzado una hermosa prenda*
*de valles cultivados, ríos y fuentes claras»*

ES fácil identificarse con estos versos del poeta Jacint Verdaguer en los que refleja la inspiración que transmite la majestuosa cadena montañosa de los Pirineos y su variada naturaleza. En su lado más oriental, desde la Val d'Aran hasta descender al mar en el Cap de Creus, se despliega el Pirineo catalán, marcado por su proximidad al Mediterráneo, que influye tanto en su clima como en la diversidad de especies que lo habitan. Entre sus montañas se resguardan especies amenazadas como el oso pardo, el urogallo, la perdiz nival o el pequeño desmán de los Pirineos, además de otros ejemplares emblemáticos, tanto de la fauna como de la flora, que encuentran en sus ecosistemas un refugio vital. Marcado por su orografía montañosa, los Pirineos de Cataluña cuentan con altivas cumbres que superan los 3000 metros de al-

AGENCIA CATALANA DE TURISMO / INMEDIA SOLUTIONS S.L.

titud, cientos de lagos glaciares, fuentes alpinas de donde brotan los ríos que han dado forma a profundos y amplios valles... En total, seis Parques Naturales y un Parque Nacional protegen toda esta riqueza para que puedan seguir disfrutando de ella muchas generaciones más.

En su extremo occidental encontramos el único Parque Nacional de Cataluña: **el Parque Nacional de Aigüestortes i Estany de Sant Maurici,** a caballo entre las comarcas leridanas del Pallars Sobirà, la Alta Ribagorça, el Pallars Jussà y la Val d'Aran. En su imponente escenario de alta montaña se reparten más de 200 lagos, la mayoría de origen glaciar, como el

ADOBESTOCK/ ARCHIVO GE

El rebeco o sarrio (isard en catalán) es una de las especies comunes en el Pirineo catalán. A la derecha, jugando junto al lago de Sant Maurici, en el Parque Nacional de Aigüestortes i Estany de Sant Maurici.

Estany de Sant Maurici que le da nombre, desde donde se puede admirar la emblemática silueta de Els Encantats. Aquí se encuentra también la Vall de Boí, conocida por su conjunto de iglesias románicas, Patrimonio de la Humanidad por la UNESCO.

A continuación, entre las comarcas del Pallars Sobirà y el Alt Urgell, ambas en Lleida, encontramos el **Parque Natural de l'Alt Pirineu,** el más extenso de todo el Pirineo catalán, que comparte frontera con Francia y Andorra. Entre los puntos clave para acceder se encuentran los municipios de Llavorsí, Alins y Esterri de Cardós, y en su interior encontramos una enorme diversidad de ecosistemas alpinos y de grandes montañas donde importantes especies amenazadas siguen teniendo su hogar. Uno de sus símbolos es la Pica d'Estats que, con 3143 metros de altitud, es la montaña más alta de Cataluña. En este territorio encontramos importantes huellas que nos hablan de la presencia humana en la zona durante siglos de historia. Su población actual sigue viviendo en armonía con el entorno.

Seguimos avanzando hacia el oriente para llegar al **Parque Natural del Cadí-Moixeró,** punto de unión de las dos grandes sierras de las que recibe el nombre, que abarca las comarcas del Berguedà, la Cerdanya y el Alt Urgell (entre

Parque Natural de l'Alt Pirineu

FRANCIA

PERPIGNAN

Vielha

Parque Nacional de Aigüestortes i Estany de Sant Maurici

ANDORRA

Parque Natural de las Cabeceras del Ter y del Freser

El Pont de Suert

Sort

Puigcerdà

La Seu d'Urgell

Figueres

Parque Natural de Cap de Creus

Roses

Tremp

Parque Natural del Cadí-Moixeró

Ripoll

Parque Natural de la Zona Volcánica de la Garrotxa

Parque Natural dels Aiguamolls de l'Empordà

Berga

Solsona

GIRONA

LLEIDA

BARCELONA

Pirineus
CATALUNYA

# Recomendaciones para el visitante

De la actitud y comportamiento de los visitantes depende en gran medida la conservación de los valiosos ecosistemas de los espacios protegidos. Aunque cada uno dispone de sus propias normativas, existen una serie de medidas comunes de obligado seguimiento, entre las que se encuentran: no hacer fuego, no acampar, respetar la flora y la fauna (no arrancar plantas, no molestar a los animales, no llevarse minerales...), llevar a los animales de compañía atados, evitar hacer ruidos innecesarios que perturben la tranquilidad, llevarse toda la basura y procurar no salirse los senderos señalizados. Recuerda que este también es tu hogar, y será el de tus hijos y nietos, cuídalo como merece.

Para que la experiencia de la visita sea aún más enriquecedora, es muy recomendable contar con guías locales especializados, que nos mostrarán de primera mano los atractivos, historia y curiosidades de cada zona, ayudándonos a comprenderla y por tanto a valorarla más.

las provincias de Lleida, Barcelona y Girona). En su relieve sobresale el Pedraforca, la montaña de dos cumbres, todo un icono para el excursionismo y la cultura catalana. También las murallas rocosas de la cara norte del Cadí, especialmente impresionantes cuando la nieve cubre sus canales, aportan grandeza a este escenario. Por sus valles fluyen destacados ríos como el Segre, una de las arterias del territorio.

Entramos íntegramente en Girona, en concreto a la comarca del Ripollés, para llegar al **Parque Natural de las Cabeceras del Ter y del Freser,** que limita al norte con el Parque Natural Regional del Pirineo catalán, situado en Francia. Además de proteger el nacimiento de los ríos Ter y Freser, alberga la Vall de Núria con su famoso Santuario, al que solo se puede acceder mediante un tren cremallera o caminando. Un terreno rodeado de magníficas cumbres como el Puigmal (2910 m) o el Bastiments (2883 m), salpicado de lagos y atravesado por una imprescindible red fluvial.

ARCHIVO PNAP

La combinación de bosques de hoja perenne y caduca ofrecen atractivos contrastes especialmente en otoño (arriba, en el Parque Natural de l'Alt Pirineu). Abajo, atardecer sobre el relieve volcánico del P.N. de la Zona Volcánica de la Garrotxa.

Descendemos al Prepirineo, donde se asienta el **Parque Natural de la Zona Volcánica de la Garrotxa,** localizado en la comarca gerundense de la que recibe el nombre: la Garrotxa. Estamos ante el mejor exponente de paisaje volcánico de la Península Ibérica, con 40 volcanes inactivos y más de 20 coladas de lavas basálticas. Sus tierras rojizas, con bosques de hayas, robles y encinas, así como las siluetas de los volcanes cubiertos de frondosa vegetación, ofrecen estampas muy difíciles de admirar en otros lugares.

Ya en el extremo de los Pirineos orientales, llegados al litoral, se extiende el **Parque Natural dels Aiguamolls de l'Empordà,** el primer parque marítimoterrestre de Cataluña, orientado a la conservación de sus abundantes marismas, lagunas y prados húmedos. Es todo un paraíso para la ornitología y constituye un punto fundamental para aves migratorias como la cigüeña, el flamenco, el águila pescadora o el avefría, entre otros

cientos de aves. Pertenece a la comarca del Alt Empordà, en Girona, y sus paisajes combinan el perfil de las montañas en el horizonte con la vegetación mediterránea característica de la costa.

Por último, en el extremo más oriental del Pirineo y de toda la Península Ibérica, se encuentra el **Parque Natural de Cap de Creus,** donde la tierra se abraza con el mar, dando lugar a

ADOBESTOCK/ ARCHIVO GE

ecosistemas únicos de fauna y flora. Vientos como la tramontana han moldeado su paisaje, creando surrealistas esculturas de roca que han sido fuente de inspiración de grandes artistas. Situado en la comarca gerundense del Alt Empordà, incluye atractivos municipios como Cadaqués, Roses o El Port de la Selva, así como las espectaculares playas y calas características de la Costa Brava. Su rica biodiversidad se manifiesta tanto en la superficie terrestre como en su fondo marino, con arrecifes de coral y praderas de posidonia.

## Foco en el desarrollo sostenible

La función de los Parques Naturales, así como del Parque Nacional, no se limita a la conservación y protección de su riqueza natural. Mantener vivos los territorios, potenciando un desarrollo que esté en sintonía con los valores que ha de conservar, es otro de los objetivos prioritarios de estos espacios protegidos. Una herramienta fundamental para lograrlo es la Carta Europea de Turismo Sostenible (CETS), pro-

movida por Europarc, una organización no gubernamental que busca equilibrar el desarrollo turístico con la conservación de espacios naturales protegidos.

Tanto en el Parque Nacional como en el resto de Parques Naturales del Pirineo catalán que cuentan con certificación CETS, se han implementado medidas como el transporte público o la regulación del aparcamiento y los accesos a las zonas más sensibles. También han dinamizado la

Desde gamos a patos, flamencos, cigüeñas... más de 300 especies distintas habitan en el P.N. dels Aiguamolls de l'Empordà. A la izquierda, mar de nubes en el Parque Natural del Cadí-Moixeró, con la doble cumbre del Pedraforca al fondo; y abajo, paisaje costero del Parque Natural de Cap de Creus.

economía de las poblaciones apoyando a los productores locales e impulsando el consumo de cercanía, así como llegando a acuerdos con alojamientos, empresas de turismo activo y otros negocios que siguen criterios sostenibles. Para la sensibilización de los visitantes se han establecido puntos de información y centros de interpretación, y se promueven actividades controladas como la observación de la fauna y otras iniciativas educativas. Además, cada uno de los espacios protegidos ha diseñado y mantiene una red de senderos señalizados que permiten disfrutar de sus valores naturales minimizando el impacto, además de evitar la masificación.

Todos los parques están inscritos en una Red de Parques Naturales que trabaja de forma coordinada, impulsando iniciativas conjuntas y participando en proyectos comunitarios como la Red Natura 2000.

## Mil y un caminos para reencontrarse

Además de la amplia red de senderos de cada espacio protegido, existen otras grandes rutas que comunican los distintos puntos del Pirineo. El más conocido es el GR11 o Transpirenaica, un sendero de Gran Recorrido de casi 800 km que cruza todos los Pirineos por su vertiente sur, desde el Cantábrico hasta el Mediterráneo, enlazando Cataluña, Andorra, Aragón, Navarra y País Vasco. A su paso por los Pirineos catalanes recorre un total de 378 km, atravesando el Parque Nacional de Aigüestortes i Estany de Sant Maurici y los Parques Naturales de l'Alt Pirineu, de las Cabeceras de los ríos Ter y Freser y de Cap de Creus.

También el GR107, la Ruta de los Cátaros que une Francia con Cataluña, atraviesa varios Parques Naturales. Os invitamos a descubrir algunos de estos senderos, tanto locales como grandes rutas, en las siguientes páginas.

Los verdes prados alpinos, con riachuelos y rodeados de los paisajes montañosos del Parque Natural de l'Alt Pirineu, ofrecen el escenario perfecto para disfrutar de la naturaleza en familia.

# PARQUE NATURAL DE L'ALT PIRINEU

El mayor espacio protegido de Cataluña, que da cobijo a valiosas especies amenazadas, nos regala paisajes montañosos, prados alpinos salpicados de flores, cientos de lagos glaciares, valles en las zonas bajas y, en definitiva, espectaculares paisajes que invitan a una conexión profunda con el entorno natural, en el que también se respiran sus siglos de historia y de cultura.

ANTE la mirada del visitante se despliega el espacio natural protegido más extenso de Cataluña: el Parque Natural de l'Alt Pirineu, con casi 80.000 hectáreas de paisajes majestuosos. Todo en este territorio parece superlativo: imponentes montañas, centenares de lagos que guardan el eco de la era glaciar, pequeños arroyos que se transforman en grandes ríos, modelando gargantas y amplios valles. En el horizonte destacan las afiladas cumbres, con la emblemática Pica d'Estats al frente, el pico más alto del Pirineo catalán, con 3143 metros de altitud. A su lado se alzan otras montañas como el Pic Verdaguer, la Punta Gabarró y los vecinos Pic de Montcalm y Pic de Sotllo, que superan también los tres mil metros y marcan la frontera con Francia.

Desde estas alturas nacen algunas de las principales arterias fluviales de la región, como el río Noguera Pallaresa, cuyas aguas bravas atraen a los amantes del rafting, el piragüismo y otros deportes de aventura. En las cotas elevadas del Alt Àneu, principal zona calcárea del Parque, los fenómenos kársticos han moldeado

ARCHIVO PNAP / ÓSCAR RODBAG

Desde hacer caminatas con raquetas por la nieve a descubrir pozas y saltos de agua en alguno de sus numerosos ríos, el Parque Natural de l'Alt Pirineu ofrece actividades para todo el año.

el paisaje, creando formas únicas a lo largo de las riberas. Más abajo, los verdes prados respiran la historia de un territorio que ha dejado huella en las vidas de quienes lo han habitado desde tiempos remotos.

Este legado se manifiesta en joyas del románico como las iglesias de Sant Pere del Burgal, Esterri de Cardós o Sant Serni de Baiasca, esta última con pinturas murales originales. Las bordas de piedra, testimonio de la actividad agraria, permanecen como vestigios de una vida ligada al pastoreo, donde se guardaban animales, herramientas y forraje, o donde los propios pastores hallaban refugio.

El Parque Natural, protegido desde 2003, es también un santuario para la fauna. Especies en peligro como el urogallo, el oso pardo o el quebrantahuesos encuentran aquí un refugio vital. Los prados alpinos se llenan de flores de alta montaña, mientras que los bosques combinan pinos y abetos perennes con abedules, fresnos y pequeños hayedos que, en otoño, se tiñen de colores cálidos, mientras las mariposas revolotean por los pastizales.

Derecha, el Estany de Naorte, uno de los lagos que conforman el amplio sistema lacustre de alta montaña que caracteriza el Parque Natural de l'Alt Pirineu. Abajo, excursionistas recorriendo el prado alpino del Pla Muntaner, con magníficas vistas a las montañas.

ARCHIVO PNAP

ARCHIVO PNAP / OSCAR RODBAG

Recorrer este parque es un privilegio. Los lagos, como el Estany d'Aixeus o el majestuoso Certascán –el mayor de la vertiente sur de los Pirineos–, ofrecen paisajes únicos. También los Estanys del Port i Mariola, que conducen hacia los Pirineos de Ariège, invitan a detenerse y respirar el aire puro de la montaña. Desde miradores como el Cap de la Roca, el collado de Conflent o el collado de Ares, la vista se llena de paisajes inolvidables.

El Parque Natural de l'Alt Pirineu abarca las comarcas leridanas del Pallars Sobirà, con pueblos como Llavorsí, Esterri d'Àneu o Alins, y del Alt Urgell, donde pequeñas localidades como Ars y Civís, en la frontera con Andorra, ofrecen un remanso de tranquilidad rodeado de montañas.

Su amplia red de senderos y las variadas opciones que ofrece para el turismo activo y de naturaleza están detallados en la web oficial del Parque Natural de l'Alt Pirineu. Encontraréis también los tracks de las rutas en la página de Wikiloc (usuario: Parc Natural de l'Alt Pirineu), de las que a continuación ofrecemos una pequeña muestra.

ARCHIVO PNAP

## • CIRCULAR DE ISIL A ALÒS
### Por el Camino de los Puentes de Piedra

**DISTANCIA:** 8,9 km.
**DESNIVEL:** 490 m.
**HORARIO:** 3h 30 min.
**DIFICULTAD:** exigente
**MAPA:** https://desni.in/gry4t

Esta ruta tiene dos partes diferenciadas. La primera sigue el llamado *Camí dels Ponts de Pedra* desde Isil, siguiendo el curso del río Noguera Pallaresa. En la localidad de Isil no podemos dejar de visitar la iglesia de la Inmaculada, del gótico tardío, con un campanario octogonal de gran belleza. La ruta atraviesa varios puentes sobre el río –de ahí su nombre–, como el puente de piedra de Isil, con su arco de medio punto, así como el puente medieval de Alòs, que nos transporta a tiempos remotos, además de otros dos puentes de madera. Al llegar a Alòs también podemos visitar la iglesia de Sant Lliser, con elementos ro-

mánicos y barrocos. Es un bonito camino que recorreremos acompañados de abedules, abetos y robles albares, entre muros de piedra y con el constante rumor de las aguas corriendo. Hasta Alòs se tarda unas 2 horas; desde aquí, podemos regresar por el mismo camino, que no tiene mucho desnivel, o bien optar por una vuelta más exigente, que describimos a continuación.

Desde Alòs, seguimos una ruta ascendente por un sendero con marcas amarillas que atraviesa el torrente del Barranc de la Moreda y va dejando el pueblo abajo. El objetivo es tomar un camino ancho que sube hasta una pista forestal que lleva a las bordas de Lapre, un conjunto de construcciones tradicionales situadas en un pequeño rellano sobre la cabecera de las Valls d'Àneu, en un espectacular entorno rodeado de montañas. Para finalizar, el camino desciende fuertemente entre antiguos bancales de cultivo, descubre el riachuelo de Airoto y regresa

ARCHIVO PNAP / ÓSCAR RODBAG

ARCHIVO PNAP / ÓSCAR RODBAG

**Arriba**, en las bordas de Nibrós, construcciones tradicionalmente utilizadas por los pastores para guardar el ganado y almacenar heno; y **abajo**, caballos libres junto al río. **A la izquierda**, estampa nevada del puente de piedra de Alòs, en el valle de Bonaigua, por el que pasa la ruta propuesta.

nuevamente al inicio, en la localidad de Isil. En conjunto, es una ruta que invita a descubrir la riqueza natural, histórica y patrimonial de la cabecera de las Valls d'Àneu.

### ● MIRADOR DEL FARRO

**DISTANCIA:** 9 km
**DESNIVEL:** 530 m
**HORARIO:** 3 h.
**DIFICULTAD:** moderada
**MAPA:** https://desni.in/w49u3

Esta ruta circular se adentra en el bello entorno natural de la Coma de Burg, con sus bordas, prados y bosques que adquieren colores especialmente mágicos en el otoño. Inicia en un aparcamiento

ARCHIVO PNAP / ÓSCAR RODBAG

# PROPUESTAS ECOTURÍSTICAS

Déjate sorprender por estas propuestas que te abren la mirada a detalles de la valiosa naturaleza de este entorno, aprendiendo sobre los animales y las plantas que la habitan, respetando su espacio y sus costumbres.

ARCHIVO PNAP

### • Luna llena, picnic y observación astronómica

Esta atractiva actividad consiste en una caminata al atardecer, con un guía experto, hacia un paraje idóneo en el que disfrutar de un picnic con productos locales. Tras saborear el postre, se inicia un taller de astronomía en el que se descubren las constelaciones, observándolas con telescopio y aprendiendo sobre su relación con la mitología popular pirenaica. La vuelta se realiza a la luz de la luna, conversando sobre el entorno y la fauna nocturna.

**Contacto:** Obaga Activitats, *www.obagaactivitats.cat/es* y *montse@obagaactivitats.cat.*

FRANCESC MUNTADA I SAGRADO

### • Observación de la fauna matutina

Tranquilo paseo a primera hora de la mañana para observar la fauna de montaña en su entorno natural. Se emplean telescopios para poder ver especies como rebecos, muflones, buitres leonados o águilas reales. Forma parte del proyecto Salvatgines, una iniciativa dedicada a la divulgación y conservación de la fauna salvaje, que cada año invierte en iniciativas como la recuperación de especies y hábitats naturales.

**Contacto:** Salvatgines, *www.salvatgines.com* y *info@salvatgines.com.*

ACT / CHRISTOPHER WILLAN PHOTOGRAPHY

### • Las plantas mágicas de las brujas

Propuesta de paseo etnobotánico por el valioso entorno del Parque Natural de l'Alt Pirineu para descubrir las plantas de las montañas pirenaicas. Aprenderás sobre las propiedades medicinales de flores, frutos, arbustos y otros vegetales, así como sobre el folclore relacionado con las brujas y estas "plantas mágicas".

**Contacto:** Occvlta Pirineus, *juliacarreto88@gmail.com.*

El atardecer tiñe de rojo los Estanys de la Gallina, cerca de donde se ubica el pequeño refugio de Mont-Roig. Abajo, vistas a la localidad de Esterri de Cardós, que alberga la iglesia románica de San Pedro y San Pablo.

situado junto al punto de información de Burg. Se recomienda visitar este tranquilo pueblo, de apenas una treintena de sencillas casas de piedra con tejados de pizarra, entre las que destaca la iglesia de Sant Bartomeu de Burg, de estilo barroco rústico sobre un origen románico. El principal atractivo del camino es el Mirador del Farro, desde donde tendremos unas vistas excepciones de toda la región. Se trata además de un lugar de interés histórico, pues aquí se encontraban las trincheras del bando republicano, cerca de un campamento militar. Transcurre junto a una serie de bordas del municipio de Farrera, unas construcciones que antiguamente se empleaban como cuadras para animales, pastores y aperos agrícolas. Y pasaremos por la ermita románica de Sant Francesc de Burg, actualmente en ruinas. Como curiosidad, señalar que esta es la zona de Cataluña con mayor presencia de diverdisdad de

mariposas, conocidas con el nombre de *voliaines* en pallarés. Aunque no está en este recorrido, se encuentra muy cerca el municipio de Farrera, que igualmente merece una visita, con una estructura de casas escalonadas junto a la iglesia de Sant Roc y su singular campanario, o a la cercana ermita románica de la Mare de Déu de la Serra, desde donde obtendremos unas inmejorables vistas del pueblo de Tírvia, al fondo del valle.

## • ASCENSIÓN A LA PICA D'ESTATS

**DISTANCIA:** 18,6 km
**DESNIVEL:** 1515 m.
**HORARIO:** 9 h
**DIFICUTAD:** muy exigente.
**MAPA:** https://desni.in/4rk9q

Imprescindible ascensión dentro del Parque Natural de l'Alt Pirineu, siempre que se cuente con un buen estado de forma física y un cierto nivel técnico, pues la ruta pasa por tramos escarpados, si bien los más difíciles están asegurados con cadenas metálicas a modo de pasamanos.Esta propuesta de subida a la cumbre más alta de Cataluña comienza en el aparcamiento de la Molinassa. Hay que tener en cuenta que durante la temporada de verano es necesaria una reserva previa para aparcar aquí. Se llega después al refugio de Vallferrera (a 1901 m de altitud), inaugurado en 1935. Es el refugio federativo más antiguo de Cataluña, actualmente remodelado, con una capacidad de 60 plazas. Tras una zona boscosa primero, y superar un paso equipado, se llega a dos de los abundantes lagos glaciares del Parque Natural: el Estany de Sotllo (junto al cual hay una cabaña para refugiarse en caso de mal tiempo) y el Estany d'Estats, ambos de espectaculares aguas azul verdosas y en buen estado de conservación. Hemos de superar el puerto de montaña de Port de Sotllo y llegar al collado de Riufred (2978 m), donde encontramos el cruce de caminos para ascender al Montcalm (3078 m), al norte, o a nuestro destino: la Pica d'Estats, al sur. Este último tramo se realiza por una cresta, sin excesiva dificultad técnica. Con 3143 metros, el llamado "techo de Cataluña" luce en su cumbre una cruz que se instaló en 1983, en el centenario de la ascensión del poeta Jacint Verdaguer.

## • EL CAMINO DEL ÚLTIMO CÁTARO

Esta propuesta está estrechamente relacionada con el *Camí dels Bons Homes*, reflejada en las páginas del Parque Natural del Cadí-Moixeró, que transcurre por los caminos que recorrió la comunidad cristiana de los cátaros, refugiados

ARCHIVO PNAP / ÓSCAR RODBAG

A la izquierda, imagen invernal de la Pica d'Estats –fronteriza entre España y Francia– de 3143 metros de altitud, la montaña más alta de Cataluña y la nº 13 de todo el Pirineo. Arriba, excursionistas junto a una de las bordas que muestran el pasado ganadero del territorio, que sigue vivo.

en Cataluña y perseguidos por la Inquisición debido a sus costumbres alejadas de la autoritaria Iglesia medieval. En concreto, el camino recrea el viaje de Guilhem Bélibaste, último prefecto o sacerdote cátaro conocido, que nació en Cubièra hacia el 1280, fue capturado en Tírvia, encarcelado en Castellbò, juzgado en Carcasona y quemado vivo en Vila-roja del Termenès, dentro de la actual región francesa de Llenguadoc-Rosselló. Según la leyenda, antes de su ejecución, Bélibaste pronunció una profecía: «Después de 700 años, el laurel reverdecerá», interpretada como el resurgimiento del espíritu cátaro. Su historia fue plasmada por el escritor Víctor Amela en la novela *El Cátaro imperfecto*.

El camino transcurre entre Gósol (Berguedà) y Tarascon-sur-Ariège (Francia). Con una distancia de 189 km, conecta el Parque Natural del Cadí-Moixeró y de l'Alt Pirineu con el Parque Regional de Ariège. Tiene cinco etapas catalanas y cuatro francesas, que equivalen a 9 o 10 días, según el ritmo deseado. Se puede realizar a pie, en bicicleta de montaña o a caballo, tanto completo como cada una de sus etapas por separado.

## Más información

- **Web de referencia:**
https://parcsnaturals.gencat.cat/es/xarxa-de-parcs/alt-pirineu/inici
- **Sede del Parque Natural de l'Alt Pirineu:**
C/ de la Riba, 1. Llavorsí. Tel. 973 622 335 y pnaltpirineu@gencat.cat
- **Casa de los Parques de los Pirineos:**
Avenida Valls d'Andorra, 33.
La Seu d'Urgell. Tel. 973 360 954.
- **Más información en:**
www.visitpirineus.com/es
www.catalunya.com/es
www.aralleida.cat/es

## DIRECTOR DEL PARQUE NATURAL DE L'ALT PIRINEU

# Marc Garriga

## *«Nuestro reto es equilibrar conservación y desarrollo sostenible»*

En la balanza entre proteger la delicada y valiosa biodiversidad del territorio, y a la vez potenciar la economía y el turismo que sustenta los pueblos, se mueve desde hace una década el director del Parque Natural, con iniciativas de reconocida eficacia y muchas otras acciones en marcha. Su perspectiva de futuro es optimista.

COL. MARC GARRIGA

POCO después de la creación del Parque Natural de l'Alt Pirineu, en 2003, se puso en marcha el primer equipo de gestión, en el que Marc Garriga Luján -ingeniero forestal de formación- entró como técnico, adquiriendo una sólida base y experiencia sobre el terreno. En 2013 ganó el concurso para la plaza de director que había quedado vacante y desde entonces ocupa este puesto, al frente del mayor Parque Natural de Cataluña. Como nos cuenta en esta entrevista telefónica, las iniciativas que ha puesto en marcha buscan mantener su patrimonio natural y cultural, sin que esto suponga un freno para que se siga desarrollando económica y socialmente, manteniendo vivo el territorio.

**¿Cuál diría que es la diferencia principal de este parque respecto a los demás del Pirineo catalán?**
Es un Parque muy representativo del Pirineo central, tiene sus hábitats y especies típicas pirenaicas. Una de sus características distintivas es que aquí, junto con el valle de Arán y Ariège, se encuentra la principal población de oso pardo de los Pirineos. Además, a diferen-

cia de otras zonas del Pirineo, esta conserva mucho de su idiosincrasia rural, con ganadería extensiva, vida de montaña…. no es tan conocida como otras zonas, sino que se mantiene como alta montaña rural.

**¿Cuántas personas componen su equipo y qué objetivos tienen?**
Ahora mismo somos 11 personas en el equipo técnico-administrativo del Parque Natural, además de una brigada de mantenimiento formada por 14 personas. En los últimos años hemos podido crecer, especialmente desde que se implementó el impuesto de $CO_2$ de los vehículos, que permite generar un fondo exclusivo para la biodiversidad. Esto nos ha permitido aumentar tanto el personal como los recursos económicos.

En cuanto a los objetivos, tenemos dos principales muy claros. Uno es mejorar la conservación de los valores naturales que tiene el Parque Natural, en forma de especies y hábitats, que en realidad nos viene marcado por la Red Natura 2000, y también de los valores relativos al paisaje, así como geológicos y culturales, que igualmente son objeto de

protección. Y el segundo gran objetivo es favorecer un desarrollo sostenible del territorio, de forma que sea compatible la conservación de los valores mencionados con la actividad y el aprovechamiento de los habitantes. Es decir, al final se trata de buscar un equilibrio entre conservación y desarrollo sostenible, y esa es la principal tarea del equipo gestor.

Por esto, el equipo se divide en cuatro áreas: una administrativa y económica, otra relacionada con el patrimonio natural y cultural, otra de uso público y educación ambiental, y otra de mejora

y mantenimiento. Además, hay un área más que hemos creado hace dos años, que es un observatorio de investigación. Esto es algo único entre los Parques Naturales del Pirineo catalán; su función es que haga de puente entre el equipo gestor del parque y el mundo de la investigación, y nos ha permitido coordinar y multiplicar todos los estudios y trabajos que se hacen en el Parque.

**La afluencia de gente a las zonas naturales no ha dejado de crecer. ¿Cómo ha afectado esto al Parque y cómo lo han gestionado?**

La actividad más demandada de este Parque es el senderismo, que representa más del 50% de las visitas. Para gestionar este aumento, hemos trabajado en canalizar las visitas mejorando y manteniendo toda una red de senderos, muchos de ellos basados en antiguos caminos históricos que comunicaban los pueblos, que hemos recuperado y señalizado. Actualmente contamos con 900 km de senderos, que permiten repartir a los visitantes por todo el territorio del Parque Natural. Claro que siempre hay zonas que se masifican más; en nuestro caso

Marc Garriga en uno de los proyectos de voluntariado que organizan en el Parque Natural.

esto ocurría en dos zonas: la Pica d'Estats, donde va mucha gente por ser la montaña más alta de Cataluña, y el valle de Bonabé, que comunica el Pallars con la Val d'Aran. Para estas áreas hicimos unos estudios de capacidad de acogida turística, definiendo cuáles eran los máximos y, a partir de aquí, implementamos un sistema de reservas, con plazas limitadas de parking en temporada alta. De esta forma hemos conseguido distribuir las visitas, que la gente se reparta.

## ¿Cómo ha sido la reacción de la gente a estas medidas?

Esto lo implementamos hace cuatro años en la zona de la Pica, y hace dos en Bonabé. Las reacciones han sido buenas, a la gente le gusta que no se masifiquen las zonas. Aunque al principio, como todas las nuevas medidas, ponerlo en marcha tuvo sus complicaciones, ahora ya está asentado y se percibe como algo positivo. Además, en el valle de Bonabé fuimos más allá, pues existía un problema de tránsito motorizado y declaramos la zona de especial protección acústica, prohibiendo vehículos ruidosos como motos y *buggies*. Esto, excepto para el colectivo afectado de las motos, ha sido muy bien recibido, pues ahora pueden disfrutar de tranquilidad en este espacio singular.

## ¿Qué acciones concretas han llevado a cabo para proteger las especies amenazadas?

Para el oso pardo nos hemos centrado en garantizar la convivencia social, que es la clave. Se ha hecho una apuesta muy fuerte para prevenir daños; por ejemplo, se han hecho cuatro agrupamientos de ganado ovino y se paga a pastores para vigilar el ganado y se facilitan perros de protección, lo que ha reducido significativamente los ataques. En cuanto al quebrantahuesos, tenemos diez territorios identificados y, entre otras medidas, hacemos un seguimiento detallado de sus zonas de nidificación, limitando actividades cerca de los nidos durante épocas sensibles. Además, trabajamos en la protección de otra especie emblemática como es el urogallo, que tiene en este Parque la cuarta parte de su población de la Península Ibérica. Aquí sobre todo intentamos que la gente no se acerque a ellos durante la temporada de hibernación y de canto, cerrando pistas, y realizamos acciones de mejoras en su hábitat. Otra joya que tenemos en el Parque es la lagartija pallaresa, un endemismo que compartimos con Andorra y el Ariège, con las que trabajamos coordinadamente en su protección.

## ¿Cómo es este trabajo con las zonas fronterizas?

Compartimos fronteras tanto con el Parque Natural Regional de los Pirineos Ariégeoises de Francia como con el Parque Natural de los Valles de Comapedrosa de Andorra. Tenemos un convenio internacional desde 2017 para trabajar juntos bajo la marca del «Parque Pirenaico de las Tres Naciones». Es importante esta coordinación porque evidentemente las especies no conocen fronteras y las administraciones tenemos que hacer el esfuerzo de romperlas. Cada uno gestiona lo suyo, pero intentamos ir en la misma dirección y unificar criterios para que haya coherencia.

## ¿Qué iniciativas tienen para sensibilizar a los visitantes sobre la importancia de la conservación?

Hemos optado por un enfoque positivo en lugar de centrarnos en prohibiciones. Por ejemplo, informamos a los visitantes sobre cómo pueden ayudar a conservar el Parque llevando a sus perros atados, siguiendo los senderos señalizados u otras acciones, pero siempre planteándolo en positivo. Esto crea una mejor conexión con los visitantes y fomenta que se impliquen en la conservación. También colaboramos mucho con programas de voluntariado, con diferentes iniciativas de gestión de bosques, de restauración de caminos o muros de piedra seca, entre otras actividades. Otro ejemplo es que, un día al año, hacemos un encuentro en las estaciones de esquí para limpiarlo de basura, y lo mismo en los ríos, en una jornada en la que participan muchos voluntarios.

## ¿Cree que dispone de las herramientas necesarias para llevar a cabo sus objetivos?

Aquí ha ido muy bien conectar la Carta Europea de Turismo Sostenible (CETS), donde todo el sector turístico del territorio, tanto público como privado, trabaja para una misma estrategia de turismo sostenible. Nos dieron la acreditación hace un año y está yendo muy bien. Por primera vez trabajamos todos juntos para un

ARCHIVO PNAP

**Que los visitantes se impliquen en la conservación del Parque Natural es uno de los objetivos del equipo gestor, así como el de garantizar la convivencia de especies como el oso pardo con los habitantes, para lo que han implementado medidas como la contratación de pastores para los rebaños en alta montaña.**

objetivo común. Ahora estamos en la fase 2 de la CETS, en la que estamos empezando a acreditar a empresas (desde alojamientos a empresas de turismo rural, de multiaventura, tiendas, etc), que son punteras del territorio.

### ¿Cuáles son los principales cambios que ha visto en el Parque en los años que lleva de director?

Creo que en el pasado el Parque estaba poco desplegado y tenía muchas problemáticas que hemos podido ir resolviendo. Ahora está más ordenado, el visitante tiene más claro qué puede y qué no. Por otro lado, se ha generado economía local. Por ejemplo, antes apenas había guías y ahora tenemos unas 13 empresas de guías interpretadores del Parque. También hemos dado un impulso a crear más productores agroalimentarios, ayudando en la producción y la promoción. Estamos consiguiendo que el sector turístico sea embajador del pro-

ducto local. Esto es un cambio muy positivo, que fomenta la economía circular.

### ¿Cómo cree que será la tendencia de desarrollo en el futuro?

Aquí la población se fue reduciendo hasta finales de los años 90, que tocó fondo. A partir de entonces fue aumentando y lo sigue haciendo, lenta pero progresivamente. Cada vez veo más actividad, más gente joven que viene a vivir en la zona, y creo que esa será la tendencia: que sea un territorio vivo. Aunque el sector turístico es el motor principal, no por eso hay que dejar de lado otros como el agroalimentario y el artesano. Creo que estos también continuarán creciendo, y la ventaja es que cada vez se están interrelacionando más. Por otro lado, estamos trabajando en diversificar y desestacionalizar las visitas, promoviendo actividades en primavera y otoño, más allá de la temporada alta de verano. Hay

propuestas que están teniendo mucho éxito, como la berrea del ciervo, que es en otoño . Igualmente en las estaciones de esquí intentamos que se puedan hacer actividades durante todo el año. También hemos potenciando la astronomía, ya que tenemos un cielo oscuro de alta calidad, de hecho, todo el Parque está declarado de protección lumínica y se está apoyando a los ayuntamientos para cambiar la iluminación, buscando aún más excelencia.

### ¿Algún otro proyecto que esté actualmente en marcha?

Ahora estamos trabajando para lograr la acreditación *Wild Rivers* para el Noguera Pallaresa, con la que están catalogados los ríos mejor conservados de Europa. Esperamos obtenerlo para la primavera, y será el primero de España que tenga esta acreditación, lo que ayudará mucho a las actividades relacionadas con el río, dándole un nuevo valor. / **GE.**

Con su característica doble cima –el Pollegó Superior y el Pollegó inferior– el Pedraforca es un símbolo y un ansiado destino, en especial para excursionistas y escaladores.

EN TORNO A LA MONTAÑA MÁGICA DEL PEDRAFORCA

# PARQUE NATURAL DEL CADÍ-MOIXERÓ

Ubicado en el Prepirineo catalán, este Parque Natural se caracteriza por su entorno montañoso, en el que sobresale la inconfundible silueta del Pedraforca, así como las murallas rocosas de la sierra del Cadí. Os proponemos diversas rutas, tanto a pie como en bici, en las que disfrutar de su impresionante paisaje y naturaleza, así como de su cultura y su relevancia histórica.

ARCHIVO DIBA / OSCAR RODBAG

C UENTA una antigua leyenda que las brujas de toda la región se reunían en la cima del Pedraforca a celebrar magníficos y estruendosos aquelarres, especialmente la noche de San Juan. Los habitantes de los pueblos, atemorizados, pidieron ayuda divina para expulsarlas hasta que un día, durante uno de sus aquelarres más intensos, cayó un gran trueno acompañado de un rayo que dividió la montaña en dos. Fue entonces cuando se formó la característica horquilla o *Enforcadura* del Pedraforca y su doble cima: el Pollegó Superior (2506 m) y el Pollegó Inferior (2356 m). Es una de las muchas leyendas que envuelven esta montaña má-

gica, una de las más icónicas de Cataluña y emblema del Parque Natural del Cadí-Moixeró.

Las dos grandes sierras del Cadí y del Moixeró, unidas por el collado de Tancalaporta, forman una barrera montañosa de unos 30 km de largo, punto de unión entre el Prepirineo y el Pirineo. En esta zona se ubica el Parque Natural del Cadí-Moixeró que, con unas 41000 hectáreas, es el segundo más grande de Cataluña, creado en 1983. Se encuentra repartido entre las comarcas del Alt Urgell, el Berguedà y la Cerdanya, abarcando las provincias de Barcelona, Girona y Lleida. La altitud oscila desde los 800 metros de los valles hasta los 2642 m del Puig de la Canal Baridana,

su punto más alto. Otras de sus cumbres dominantes son el Puigllançada (2406 m) o la Tosa de Alp (2531 m); a esta última se llega en telecabina y ofrece unas vistas espectaculares de la Cerdanya y el Berguedà. En su entorno podemos recorrer un circuito de naturaleza para descubrir la flora y la fauna de este espacio, así como su pasado minero. En invierno, podremos disfrutar de la cercana estación de esquí de La Molina.

La convergencia de climas atlántico, mediterráneo y de alta montaña favorece una variada biodiversidad, que incluye desde bosques de pino negro a plantas endémicas como la oreja de oso o especies protegidas como el quebrantahuesos,

*Arriba, la población de Castellar de n'Hug, con el paisaje de la sierra del Cadí y el Pedraforca al fondo. Izquierda, el castillo de Gósol, declarado Bien de Interés Nacional, por el que pasa el* Camí dels Bons Homes *(GR-107).*

el águila real o la nutria. Su contraste entre altas cumbres, valles y bosques lo convierte en un escenario perfecto para múltiples actividades relacionadas con la naturaleza, como el senderismo, la escalada, la BTT... Salpicado de pueblos en los que se respira tradición y tranquilidad, es también un destino perfecto para el turismo rural.

Más de 400 km de senderos surcan el Parque Natural del Cadí-Moixeró, incluidos sendos tramos del GR-4, el GR-7 y el GR-107.

• **CAVALLS DEL VENT, por los 8 refugios**

**DISTANCIA:** 84,20 km.

**DESNIVEL:** 5600 m.

**ETAPAS:** 4 o 5 jornadas.

**SEÑALIZACIÓN:** marcas naranjas.

**WEB:** www.cavallsdelvent.com

**MAPA:** https://desni.in/dvmhw

En los años 90, los guardas de los refugios del Parque Natural del Cadí solían reunirse en los collados que conectaban sus rutas, compartían comida y bebida y charlaban amistosamente, intercambiando anécdotas sobre sus respectivos refugios. Todos eran montañeros: escaladores, exploradores, alpinistas… gente aventurera que, fuera de la temporada del refugio, seguía ascendiendo montañas. Uno de sus destinos soñados era el majestuoso Himalaya donde, cuando coincidían, se fundían en un abrazo, deseándose suerte entre las características banderas de plegaria tibetanas que ondean en esas cumbres. Cuando, en esos años, estos guardas idearon una ruta que conectara todos sus refugios, buscando sobre todo una mayor proyección de los menos accesibles, y por tanto menos visitados, decidieron acer-

AGENCIA CATALANA DE TURISMO / ORIOL CLAVERA

Arriba, la estampa del Pedraforca sobresale desde las carreteras que surcan los valles. Derecha, una habitual estampa rural en el *Camí dels Bons Homes*. Abajo, el refugio Lluís Estasen, bautizado en honor al pionero escalador y explorador del macizo.

ARCHIVO GRANDES ESPACIOS

tadamente ponerle el nombre de aquellas banderas tibetanas conocidas como Lung-Ta, que significa Caballos del Viento, *Cavalls del Vent*.

Desde entonces esta travesía ha ido creciendo en popularidad y visitantes, siendo actualmente la ruta oficial circular del parque, imprescindible para cualquier persona amante del senderismo.

El itinerario pasa por los ocho refugios inscritos en el Parque Natural del Cadí-Moixeró: Gresolet, Sant Jordi, Rebost, Niu de l'Àliga, Serrat de les Esposes, Cortals de l'Ingla, Prat d'Aguiló y Lluís Estasen. Unos espacios que no solo ofrecen un lugar para descansar y reponer fuerzas, también permiten conocer su historia, convivir con montañeros y disfrutar de un ambiente acogedor.

El trayecto va introduciéndonos en la riqueza y variedad del Parque Natural, con sus bosques de pinos, robles y hayas; prados alpinos como el de Moixeró o el de Bagà; valles y torrentes como el de Gresolet o el Bastareny… Todo bajo

la imponente figura del mítico Pedraforca, cuya base recorre esta ruta. Se suele realizar en unas 4 etapas, aunque también es posible hacerla más despacio, deteniéndose durante más días en los distintos refugios para saborear con calma sus paisajes. Incluso hay una alternativa para realizarlo en bicicleta de montaña, en 3 o en 4 etapas, asumiendo mayor o menor dificultad técnica.

Cualquiera de los refugios que forman parte de la travesía puede ser escogido como inicio o final, y el sentido de la caminata también es libre. Y, para añadir otro bonito recuerdo, en cada refugio se estampa un sello en la tarjeta de paso que cada senderista habrá recibido al empezar la ruta de *Cavalls de Vent*.

Se puede recorrer tanto en solitario como en grupo pero, si no tienes experiencia en montaña, es más que recomendable hacerlo con un guía acreditado. En la web de referencia ofrecen toda la información necesaria, así como la posibilidad de contratar un guía o realizar la reserva de los refugios, entre otros servicios.

## • CAMÍ DELS BONS HOMES, tras los pasos de los cátaros

**DISTANCIA:** 230 km.
**DESNIVEL:** +9796 m.
**ETAPAS:** unas 12 jornadas (6 en el lado catalán y 6 en el francés).
**SEÑALIZACIÓN:** marcas rojas y blancas (GR107). **WEB:** www.camidelsbonshomes.com
**MAPA:** https://desni.in/t4hey

El *Camí dels Bons Homes* (Camino de los Buenos Hombres) recorre los pasos de los cátaros, una comunidad cristiana medieval perseguida por la Inquisición, especialmente en el siglo XIII. Originarios del sur de Francia (de la región de Occitania), los cátaros practicaban un cristianismo austero, ajeno a las prácticas del autoritario

y ostentoso catolicismo de la época, lo que los llevó a un conflicto con la Iglesia. Durante la persecución de estos *bons hommes* y *bones femmes* –como se llamaban por su defensa de valores como la humildad, la honestidad y la renuncia a los bienes materiales–, muchos huyeron hacia Cataluña, creando así este camino de exilio. Posteriormente siguió siendo recorrido por pastores y comerciantes para cruzar fronteras.

En la actualidad es una ruta de Gran Recorrido, el GR 107, que suma en total unos 230 km, conectando el Santuario de Queralt, en Berga (en la provincia de Barcelona) con la localidad francesa de Foix. Atraviesa el Parque Natural del Cadí-Moixeró a lo largo de unos 40 km, surcando algunos de sus parajes más emblemáticos, entre los que evidentemente no falta la montaña del Pedraforca.

Entre las poblaciones de rico valor patrimonial que atraviesa se encuentra Gósol, que fue residencia temporal de Pablo Picasso. Su legado se muestra en una exposición permanente que incluye muchos de los cuadros que pintó en este inspirador destino. Otro poblado que sorprende al caminante es Bagà, reconocido por su patrimonio medieval, que incluye el

Izquierda, un corredor de camino al santuario de Santa María de Queralt, y abajo, en un mirador junto a este mismo santuario, ubicado al noreste de la localidad de Berga. Es el inicio o final del *Camí dels Bons Homes*, que sigue las huellas de los cátaros, y se puede realizar tanto a pie como en bici o a caballo (abajo).

CONSELL REGULADOR DEL CAMÍ DELS BONS HOMES

ARCHIVO DIBA / OSCAR RODBAG

casco histórico y restos de fortalezas y arquitectura de la época, además de albergar una exposición sobre el catarismo. La etapa entre Bagà y Bellver de Cerdanya atraviesa la Sierra del Cadí, ofreciendo unas vistas de las montañas que alimentan el espíritu.

Otro de los lugares de paso del camino es el Parque de los Búnkeres de Martinet, que permite visitar una serie de fortificaciones construidas en los años 40, en la posguerra española, pertenecientes a la llamada "Línea P", una red defensiva de más de 10 000 búnkeres, hoy integrados en el paisaje montañoso del Pirineo.

Las imponentes murallas calcáreas de la Sierra del Cadí conforman el paisaje de numerosas excursiones que recorren el Parque Natural del Cadí-Moixeró, entre las que hay opciones para todos los niveles. Arriba, caminantes disfrutando de uno de estos recorridos durante la época estival.

El camino se puede realizar tanto a pie como a caballo o en bicicleta, e igualmente se puede recorrer en su totalidad o bien optar por realizar solo algunas de sus etapas. En cualquier caso, es una opción perfecta para quienes deseen combinar la naturaleza con los muchos atractivos históricos y culturales de los parajes que atraviesa. Toda la ruta está provista de numerosos alojamientos, comercios, restaurantes y todo tipo de servicios asociados al *Camí dels Bons Homes*, que se pueden reservar en la web oficial.

## • PEDRAFORCA 360°, la circular del macizo en un día

**DISTANCIA:** 17 km. **DESNIVEL:** +725 m.

**TIEMPO APROXIMADO:** 6 h.
**SEÑALIZACIÓN:** Marcas amarillas y blancas (PR-C 127).
**WEB:** www.elbergueda.cat/es
**MAPA:** www.desni.in/eq7rd

Esta es una ruta circular que transcurre alrededor de la emblemática montaña del Pedraforca, sin subir a su cima. Comienza en Gósol y sigue el camino de Cerdanya hacia el Collell (1845 m), un paso natural entre el Cadí y el Pedraforca, que divide las aguas de los ríos Segre y Llobregat, ofreciendo buenas vistas de ambos valles. La ruta, mayormente de bajada tras el Collell, pasa por la Jaça dels Prats (donde se encuentra

# PROPUESTAS ECOTURÍSTICAS

Actividades ideadas con criterios sostenibles que buscan estrechar la relación del ser humano con la naturaleza, potenciando la integración y a la vez siendo lo más respetuosos posibles con el entorno.

## • La naturaleza y los cinco sentidos

Esta propuesta invita a descubrir el Parque Natural del Cadí-Moixeró a través de los cinco sentidos, mediante una ruta inmersiva que potencia no solo lo que vemos, también lo que olemos, oímos, tocamos y saboreamos. Descubre de una forma diferente la biodiversidad que nos rodea y déjate sorprender por tu propia sensibilidad. Adaptado para que personas con distintas capacidades puedan disfrutar por igual del Parque Natural. La duración de la actividad es de tres días, con campo base y alojamiento en Saldes.
**Contacto:** Guies d'Arrel, *guiesdarrel@gmail.com* y *www.guiesdarrel.com/es*

AGENCIA CATALANA DE TURISMO / ÓSCAR RODBAG

GUIES D'ARREL

MUNTANYA I NATURA

## • La naturaleza del universo

Una experiencia que combina la observación del cielo nocturno, descubriendo las constelaciones y las estrellas, con una introducción a la flora y la fauna del Parque Natural del Cadí -Moixeró. Especialmente a la caída del sol, con la ayuda de telescopios, se pueden observar las principales especies nocturnas de la región, aprendiendo sobre su adaptación y modo de vida.
**Contacto:** Cuiol Nature, *cuiolnature@gmail.com* y *www.cuiolnature.cat/es/actividades*

## • Paisaje de Pedra Seca, en Sant Julià de Cerdanyola

La técnica de la piedra seca, declarada Patrimonio Cultural Inmaterial de la Humanidad por la UNESCO en 2018, consiste en apilar piedras sin un elemento intermedio de cohesión. En muchos lugares, como en la zona de Sant Julià de Cerdanyola, se ha utilizado durante siglos para construir cabañas, vallas y otras estructuras agrícolas. La propuesta es una ruta de unos 6 km de recorrido, que descubre este valioso patrimonio cultural y arquitectónico, envuelto en el espectacular entorno de este pintoresco pueblo del Alt Berguedà.
**Contacto:** Muntanya i Natura, *info@muntanyainatura.org* y *www.muntanyainatura.org*

Abajo, espectacular Vía Láctea sobre el Pedraforca, con Saldes iluminado en su base. Más abajo, juego de luces en las siluetas de la sierra del Cadí y el Pedraforca, visto desde la sierra de Montgrony. Derecha, excursionistas en un recorrido por el Berguedà, en la zona sur Parque Natural del Cadí-Moixeró.

ADOBESTOCK/ ARCHIVO GE

# Centro Astronómico del Pedraforca

La localidad de Saldes fue la primera de Cataluña en conseguir la certificación de cielo limpio para la observación astronómica. Desde 2017, tanto el mirador de Gresolet como el el mirador de L'Espà fueron declarados espacios con un cielo nocturno de calidad (ECNQ). Además, todo el municipio se encuentra en "zona E1", que corresponde a la máxima protección contra la contaminación lumínica. Aquí se ubica el Centro Astronómico del Pedraforca, una instalación que ofrece actividades como «El descubrimiento del Cosmos», y otras propuestas relacionadas con la astronomía tanto para particulares como para grupos. **Más información:** http://www.centreastronomicdelpedraforca.com

el refugio Lluís Estasen), el coll de Jou y el antiguo camino de Saldes a Gósol, regresando al punto de inicio.

También se puede iniciar desde Saldes y dividir en dos días, pernoctando en alojamientos locales. En su transcurso podremos apreciar la variedad de paisajes que ofrece el macizo: desde frondosos pinares, praderas abiertas y las contemplación de las imponentes paredes calcáreas del Pedraforca y los característicos canales de la sierra del Cadí. También encontraremos varias fuentes naturales a lo largo del camino, como la Font Terrers y la Font de la Roca, así como antiguos asentamientos que reflejan el pasado rural de la región, como Cerneres, una antigua aldea actualmente en ruinas. En el descenso se sigue el camino de los mineros hacia la masía de Bardines, un caserío tradicional, para después llegar al Cap de la Creu; en este punto es muy recomendable desviarse unos metros para acceder al mirador desde el que, sentados en un banco, podemos disfrutar de las impresionantes vistas panorámicas y la calma del valle. Desde aquí solo resta continuar por un camino llano hasta llegar al punto de partida, en Gósol.

ACT / SERVICIOS EDITORIALES GEORAMA

## • LAS 7 CARAS DEL PEDRAFORCA

La llamada montaña mágica, el Pedraforca, con su inconfundible silueta de dos cumbres, está ubicada entre los municipios de Saldes y Gósol, en la comarca del Berguedà. Es un destino prioritario para los excursionistas que, prácticamente cada fin de semana, recorren sus senderos y las *tarteras* o pedreras que bajan de la Enforcadura, divisoria del Pollegó Inferior y el Superior. También para los escaladores es un símbolo, con punto de partida en la pionera vía de escalada abierta en 1928 por Lluís Estasen y su equipo, que transformó el Pedraforca en un referente. En invierno, la cara norte presenta desafíos comparables a los Alpes.

La propuesta «Las 7 caras del Pedraforca» es un ecoviaje o viaje ecológico que plantea descubrir las distintas facetas de esta montaña, inscrita en la red de Montañas Emblemáticas del Mediterráneo. Todas las actividades están planteadas con un enfoque sostenible, resaltando diferentes aspectos del macizo que abarcan su historia, su naturaleza, su cultura y otras singularidades del «Pedra».

**1.- Hierbas, remedios y mujeres que van por el mundo:** A través de rutas guiadas, se explora el saber tradicional de las *trementinaires* ("mujeres que van por el mundo", como ellas mismas se denominaban), expertas en plantas medicinales, valientes y sabias, que elaboraban remedios naturales con lo recolectado en la naturaleza, preservando antiguas prácticas de herboristería.

**2.- Tierra, carbón y dinosaurios:** En 1985, una explotación minera a cielo abierto reveló en Fumanya el mayor conjunto de huellas de saurópodos del Cretácico superior en Europa. El Centro de Interpretación de los Dinosaurios de Fumanya permite observar estas huellas, de más de 66 millones de años, y conocer la vida prehistórica. El cierre de las minas en 1991 afectó la economía de la zona, pero la reconversión de estos espacios ha permitido preservar su memoria. Las antiguas minas ahora son museos donde los visitantes pueden adentrarse en la vida minera del Berguedà, marcada por eventos históricos como la proclamación del comunismo libertario en Fígols en 1932 y el trágico accidente en la mina Consolació, en el que murieron 30 mineros.

**3.- Picasso en Gósol:** Esta actividad recorre los rincones del pequeño pueblo de Gósol, donde el pintor Pablo Picasso encontró inspiración en sus paisajes y gentes. Una ruta cultural profundiza en el impacto de esta estancia en su obra y la comunidad.

**4.- La montaña emblemática:** A través de excursiones guiadas, se presenta el simbolismo de Pedraforca en la cultura catalana y su importancia en la historia del montañismo, explicando sus retos y los mitos asociados a esta singular montaña de dos picos.

**5.- Cátaros y trovadores:** Un recorrido por pueblos medievales, fortalezas e iglesias románicas que fueron refugio de cátaros y trovadores, explorando el legado histórico y cultural del Pedraforca en la región.

**6.- Aguas del Pedraforca:** Uno de los elementos característicos de la montaña es el agua, y en el Parque Natural del Cadí-Moixeró, la presencia de ríos, arroyos y torrentes es constante. Para los habitantes de la zona, los ríos Llobregat y Bastareny, junto a múltiples pozas y charcas, son escenarios de historias personales y momentos compartidos. Esta propuesta atraviesa esos rincones naturales, resaltando el importante papel que juega el agua en la biodiversidad y en las actividades de los pueblos.

**7.- Turismo activo:** son muchas las actividades de ocio activo que se pueden practicar en el entorno del Pedraforca: desde escalada o alpinismo a barranquismo, vías ferratas, bicicleta de montaña, parapente, espeleología... Una forma diferente de explorar la montaña para las personas más aventureras y deportistas que quieran sumar algo de adrenalina a la jornada. En todos los casos, contar con un guía local ofrece más seguridad y permite descubrir detalles y curiosidades del territorio, brindando una experiencia enriquecedora y fiable.

**Toda la información, con pdf descargable en:** https://www.elbergueda.cat/ca/les-7-cares-del-pedraforca.htm

Abajo, disfrutando de la Ruta de las Plantas Medicinales; y más abajo, durante una visita a la mina de Riutort, una de las pocas minas subterráneas de petróleo que hay en el mundo, ubicada dentro del Parque Natural del Cadí-Moixeró. Derecha, en una de las muchas rutas ciclistas del macizo del Pedraforca.

ARCHIVO ARA LLEIDA / RAFAEL LÓPEZ-MONNÉ

ACT / IMAGEN M.A.S.

ARCHIVO PTCBG / DAVID RUEDA

## • PEDALES DEL PEDRAFORCA

Ruta para realizar en bicicleta de montaña por los alrededores del Pedraforca, con un recorrido de 110 km. Se inicia y finaliza en Gósol, atravesando paisajes montañosos de gran belleza. La ruta, con un desnivel acumulado de 3400 metros y una altitud máxima de 2191 metros, está diseñada para completarse en dos etapas, aunque puede extenderse a tres. El primer tramo lleva de Gósol al Port del Comte, con ascensos a Les Collades Altes y descensos hasta el pueblo de La Coma. La segunda etapa atraviesa las pistas de esquí de Port del Comte, alcanzando el punto más alto en l'Estivella y continúa hacia Tuixent y Josa del Cadí, retornando a Gósol.

Se trata de una propuesta que presenta variantes y alternativas para ajustar el nivel de dificultad. Para su realización se recomienda una buena condición física y experiencia en bicicleta de montaña. La temporada más recomendable para realizarla es de mayo a octubre. Se aconseja contratar el servicio de soporte logístico que incluye transporte de equipaje y asistencia en el camino.

**Toda la información en:** https://www.pedalesdelmundo.com/es/rutas/pedals-del-pedraforca

---

## Más información

• **Centro de Información del P.N. Cadí-Moixeró:** C/ la Vinya, 1. 08695 Bagà. Tel: 938 244 151 y mail: pncadimoixero@gencat.cat
• **Web de referencia:** https://parcsnaturals.gencat.cat/es/xarxa-de-parcs/cadi/inici
• **Información turística del Berguedà:** www.elbergueda.cat/es
• **Más información en:** www.visitpirineus.com/es www.catalunya.com/es www.aralleida.cat/es https://www.barcelonaesmoltmes.cat/es/pirineos-barcelona www.costabrava.org/es

El singular Vall de Núria, con el Santuario y el embalse del mismo nombre, ubicado a unos 2000 metros de altitud, al que solo se puede acceder a pie o en el tren cremallera que parte de Ribes de Freser.

LAS FUENTES DE LOS PIRINEOS ORIENTALES

# PARQUE NATURAL DE LAS CABECERAS DEL TER Y DEL FRESER

Marcado por la influencia de las cabeceras de los ríos Ter y Freser, que nacen en alta montaña y van surcando los valles en su camino al Mediterráneo, este Parque Natural se distingue por su contraste de paisajes. Recorrido por pastores, comerciantes, mineros y otros pobladores desde tiempos remotos, hoy sus pueblos y caminos son un ejemplo de integración con la naturaleza.

CUENTA la leyenda que San Gil, un ermitaño griego, llegó al valle de Núria hacia el año 700 en busca de un lugar de retiro espiritual. Durante su estancia esculpió una talla de madera de la Virgen y, al verse obligado a huir ante la invasión árabe de la Península, escondió la talla en una cueva junto a tres objetos simbólicos: una olla en la que cocinaba, una campana con la que convocaba a los pastores y una cruz para la oración. Siglos después, en el año 1072, un peregrino llamado Amadeu, procedente de Dalmacia, llegó al valle siguiendo una revelación divina y encontró la imagen junto a los tres objetos escondidos en la cueva. Construyó entonces una capilla que se convirtió en lugar de peregrinación. Pero, incluso antes de la aparición de la talla y los objetos, se sabe que este lugar fue un santuario cristiano, que muy probablemente se levantó sobre un emplazamiento sagrado donde ya existía un lugar de culto precristiano.

Hoy en este espacio hay un gran santuario, ubicado a 2000 metros de altitud, que sigue siendo un lugar de peregrinación, cargado de es-

Con 2910 metros de altitud, el Puigmal es la montaña más alta del Parque Natural de las Cabeceras del Ter y del Freser. En su cima, ancha y redonda, se encuentra una cruz de hierro fraguado con los símbolos del santuario de Núria (una olla y una campana) y una placa con versos del poeta Jacint Verdaguer.

piritualidad. Es el símbolo de Vall de Núria, al que solo se puede llegar a pie por senderos o en un tren cremallera. El valle, rodeado de impresionantes montañas, cuenta también con una estación de esquí familiar y es el punto de partida para numerosas excursiones.

Es uno de los lugares más emblemáticos del Parque Natural de las Cabeceras del Ter y del Freser, pero su alcance es mucho mayor. Con una superficie de 14 750 hectáreas, fue creado en 2015 para preservar su gran riqueza medioambiental y cultural. Abarca principalmente la comarca del Ripollès, en la provincia de Girona, con destacados municipios como Queralbs (último pueblo accesible en coche a Vall de Núria), así como Ribes de Freser, Setcases, Molló o Vilallonga de Ter. Su ubicación estratégica en la frontera con Francia ha jugado además un papel clave en la integración de culturas de ambos lados del Pirineo.

Recibe su nombre de dos destacados ríos que nacen en sus montañas: el Ter, que brota a unos 2480 metros de altitud en Ulldeter, al pie de un circo glaciar; y el Freser, que tiene su nacimiento bajo el pico de Bastiments y desciende hacia el

solitario valle de Coma de Vaca. En su transcurrir hacia el Mediterráneo, estos ríos han ido modelando valles, gargantas y meandros, marcando el paisaje y su rica biodiversidad.

Este Parque Natural se considera además cuna del excursionismo catalán, con figuras como Cèsar August Torras, pionero del excursionismo y gran divulgador (publicó nueve guías del Pirineo entre 1902 y 1922). Él mismo fue el gran impulsor del que fue el primer refugio de montaña de la Península, el de Ulldeter, inaugurado en 1909 y aún activo hoy, aunque reconstruido en otro edificio cercano en 1959.

También tiene interés para los amantes de la arqueología, siendo escenario de investigaciones que han evidenciado la ocupación humana en la zona desde el Neolítico, pasando por la época romana, la Edad Media y los tiempos modernos. Fruto de estos estudios, se han diseñado una serie de itinerarios, catalogados y abiertos al público.

En la web oficial del Parque Natural de las Cabeceras del Ter y del Freser se puede encontrar un mapa de estas «arqueorrutas» y toda la información práctica para realizarlas, así como otras múltiples opciones para el senderismo, la bicicleta de montaña o de carretera, el alpinismo, el esquí... y otros servicios para el turismo sostenible que ofrece este espacio. A continuación ofrecemos una muestra de estas propuestas.

### • CAMÍ VELL, ruta milenaria al santuario de Núria

**RECORRIDO:** 7,14 km (solo ida).
**DESNIVEL:** 843 m.
**HORARIO:** 1 h 45 min.
**MAPA:** https://desni.in/uek8y

Imprescindible camino que conduce al santuario de Núria, el rincón más cargado de historia y de espiritualidad del Parque Natural de las Cabeceras del Ter y del Freser. Durante todo el recorrido iremos admirando las gargantas esculpidas por

Senderistas en el Pico de Bastiments (2881 m), en la confluencia de los municipios de Queralbs y Setcases. Izquierda, arriba, el pueblo de Beget –uno de los más bonitos de Cataluña, declarado Bien Cultural de Interés Nacional– que, aunque está fuera del límite del P.N. de las Cabeceras del Ter y del Freser, comparte paisaje y área de influencia. Debajo, vista del teleférico de Cloma de Clot y del tren de cremallera de Vall de Núria, activos tanto en invierno como en verano.

el río Núria, con espectaculares saltos de agua, así como bosques que parecen susurrar las historias de los antiguos pastores que, desde hace siglos, llevaban a sus rebaños a los pastos en el verano, o también de los peregrinos que subían a rendir culto a la Virgen. Es probable que su origen se remonte más allá de la cristianización de la zona por San Gil en el siglo VIII; prueba de ello son las herramientas romanas que se encontraron bajo el salto de agua del Salt del Sastre.

El camino comienza en la plaza del Raig de Queralbs, adentrándose primero en un bosque mixto de fresnos, avellanos, mostajos y robles, hogar de animales como zorros y jabalíes. Pasada la fuente de la Ruïra, el sendero asciende por pedreras como la del Corbell, donde la vida florece en medio de la roca, y flanquea el Roc del Dui,

ofreciendo vistas impresionantes. Posteriormente, el puente del Cremal da acceso a las gargantas del Núria, donde el río, encajonado entre paredes de gneis milenarios, muestra su fuerza con saltos como el de la Cua de Cavall (Cola de Caballo), cuya caída en forma de abanico es un espectáculo. Las cuevas rocosas, como la de Sant Pere, ofrecen refugio, mientras aves como el mirlo acuático o la inquieta lavandera merodean por las orillas.

En el Pla de Sallent, el camino atraviesa un bosque de pino negro donde también florece la reina del lugar: el lirio pirenaico, pintando el paisaje de tonos amarillos en primavera. Finalmente, tras un ascenso exigente, se llega a la Creu d'en Riba, una cruz ancestral desde donde ya se vislumbran el embalse y el santuario de Núria, rodeados de imponentes montañas.

# PROPUESTAS ECOTURÍSTICAS

Actividades planteadas priorizando el respeto al medio ambiente, además de estar comprometidas con la comunidad y el patrimonio.

ACT/ JUAN JOSÉ PASCUAL

## • Travesía por los refugios del Torb

Ruta transfronteriza que conecta varios refugios de montaña del Parque Natural y del Gran Paraje del Canigó, en la Cataluña del Norte (Francia), pasando por sus dos cimas más emblemáticas: el Puigmal y el Canigó. Podrás explorar los impresionantes paisajes del Pirineo catalán de manera sostenible, con material de interpretación del medio natural para aprender sobre la flora, fauna y geología de la zona a tu propio ritmo. Recomendado realizar de junio a octubre.
**Contacto:** A Pas d'Isard, *info@apasdisard.com* y *www.apasdisard.com/es*

## • Conexiones silvestres

Experiencias que permiten conectar con la naturaleza de una forma integral y profunda, empleando ejercicios de *mindfulness* y meditación que se realizan en entornos naturales propicios, permitiendo disfrutar del silencio y del paisaje en todo su esplendor. Entre otras, las propuestas incluyen "baños de bosque", un paseo consciente para conectar con la naturaleza, fortalecer el sistema inmunitario y reducir el estrés; así como "despertar de los sentidos", una ruta para

identificar y degustar plantas silvestres, o "cocina silvestre", un taller para preparar recetas con los frutos y plantas recolectadas.
**Contacto:** Pura Vall, *info@puravall.com* y *www.puravall.com/es*

## • Ecovall en Vall de Núria

Ecovall es una iniciativa sostenible que integra turismo y medio ambiente, ofreciendo una experiencia auténtica en un entorno protegido. Ubicada en el corazón de Vall de Núria, incluye actividades respetuosas con la naturaleza, como senderismo por caminos históricos, exploración de la flora y fauna local o integración en la cultura del entorno. El uso de energías renovables y la preservación del paisaje refuerzan su compromiso con la sostenibilidad, convirtiéndolo en una opción perfecta para quien busque un turismo responsable en uno de los rincones más emblemáticos del Pirineo catalán.
**Contacto:** *info@valldenuria.cat* y *www.valldenuria.cat/es/ecovall*

A PAS D'ISARD

El Parque Natural de las Cabeceras del Ter y del Freser está surcado de caminos para todos los gustos. Arriba, en una excursión por el entorno de Setcases, con el característico paisaje de bosques de pino negro y prados de montaña.

## ● RED ITINERÀNNIA, a pie por el Ripollès

*Itinerànnia* es una red de senderos que se extiende por las comarcas del Ripollès, la Garrotxa y el Alt Empordà, sumando unos 2500 kilómetros. Algunos de los caminos siguen las huellas de los antiguos habitantes de las comarcas, desde los mismos vecinos que se desplazaban entre los pueblos a los pastores que conducían a sus rebaños, los mineros en busca de minerales o los contrabandistas que cruzaban sus mercancías. En concreto, los que se inscriben en el Parque Natural de las Cabeceras del Ter y del Freser, que surcan la comarca del Ripollès, son alrededor de una decena de rutas, de las que a continuación destacamos dos propuestas.

Se puede encontrar más información, con mapas, gestión de alojamientos, planificador de rutas y otras actividades en su web:

*www.itinerannia.net/es*

También tracks de las rutas en la página de Wikiloc, usuario *Itinerànnia.*

## ● Huellas mineras por el entorno del Alto Freser

**RECORRIDO:** 15 km.
**DESNIVEL:** 729 m.
**HORARIO:** 6 h 30 min.
**MAPA:** https://desni.in/ufr39

Esta ruta sigue antiguos caminos mineros, pasando por los vestigios de esta importante actividad histórica en la comarca, ofreciendo espectaculares vistas de las montañas que rodean el valle. Presenta una buena opción para conocer los pueblos de la zona, como Ribes de Freser y las cercanas ruinas del castillo de San Pere; Serrat con su pequeña iglesia y calles empedradas; o Fustanyà, con la iglesia de Sant Sadurní y su singular campanario de madera. Pasa también por Rialb, antiguo punto de transporte de hierro y minerales, así como junto a una mina de hierro en el entorno de Batet. En conjunto, un bello e interesante recorrido circular que, aunque es largo y por tanto exige estar en buena forma, no presenta desniveles importantes ni tramos técnicos.

ACT/ TURISMO VERDE, S.L.

ACT/ INMEDIA SOLUTIONS S.L.

## • Por las parroquias de Gombrèn, Campdevànol y les Llosses

**RECORRIDO:** 13,3 km
**DESNIVEL:** 653 m.
**HORARIO:** 4 h 40 min.
**MAPA:** https://desni.in/6navr

Esta propuesta circular sigue caminos que antiguamente eran muy transitados por ganaderos y campesinos, conectando los pueblos que recorre. Además de la belleza del paisaje, destacan los restos de construcciones históricas que salpican el recorrido: las antiguas iglesias parroquiales de Sant Quintí de Puigrodon y Sant Martí de Puigbó, la ermita encaramada de Sant Marc d'Estiula y las ruinas del castillo de Puigbó. También se pasan masías, terrazas y cabañas que recuerdan el pasado agrícola de estas montañas. En el punto más alto disfrutaremos de unas inmejorables vistas del Berguedà y la sierra de Montgrony.

## • 19 ITINERARIOS INTERPRETATIVOS, aprende y diviértete

Desde descubrir algunas de las rocas más antiguas de Cataluña, formadas hace más de 560 millones de años, a pasear junto a una chimenea volcánica, llegar hasta el mismo nacimiento del río Ter, adentrarte en bosques de pino negro, conocer sus flores, descubrir madrigueras de marmotas o huellas de rebecos, pasear por ruinas de castillos y aprender quiénes las habitaron, o cuándo se construyeron las iglesias, o por dónde caminaban los pastores... Todo esto es lo que puedes aprender si participas en el juego *De Cap a les Capçaleres* (de Cabeza a las Cabeceras).

El reto consiste en recorrer los 19 itinerarios interpretativos propuestos por el Parque Natural de las Cabeceras del Ter y del Freser resolviendo preguntas y realizando actividades basadas en la información que encontrarás en los carteles de las rutas y en un libreto gratuito disponible en los centros de información. No hay límite de tiempo, puedes explorar a tu ritmo, disfrutando de paisajes espectaculares y a la vez aprendiendo sobre la riqueza del parque. Ideal para todas las edades, especialmente para los pequeños de la familia.

¡Y encima tiene premio! Si consigues completar todos los itinerarios y actividades, puedes ganar un vale de 20 euros para gastar en productos locales del Ripollès, en establecimientos colaboradores. Puedes obtener toda la información y material en cualquier centro de información del Parque Natural.

## • VÍA VERDE DEL HIERRO Y DEL CARBÓN

Como su nombre indica, esta ruta hace alusión a la importante tradición de la forja en la comarca del Ripollés, así como a la extracción de carbón, siguiendo el trayecto que recorría el tren antiguamente en las minas de Ogassa. Es una vía de 12 km, hoy convertida en un camino perfecto para disfrutar de un paseo a pie o en bicicleta, recordando

ACT/ EUDALD ROTA / CONSELL COMARCAL DEL RIPOLLES

Pedaleando por el Camí Ral, que une las poblaciones de Campdevànol y Gombrèn. Izquierda, la poza natural de Gorg dels Banyuts, y una familia en la Ruta del Ferro (Vía Verde del Hierro); ambas propuestas del entorno del Parque Natural.

el pasado industrial de la zona. Aunque no está dentro de los límites del Parque Natural, sino en sus alrededores, es una buena muestra del desarrollo sostenible que se promueve en la comarca del Ripollés, que obtuvo la certificación CETS (Carta Europea de Turismo Sostenible) en 2019. **Más información en:** www.viesverdes.cat/es

### • Y otras rutas de BTT

Otra de las propuestas de BTT destacadas es la Ruta del Ter, que sigue el curso del río Ter desde su nacimiento en los Pirineos hasta su desembocadura en el Mediterráneo. El tramo inicial de esta ruta, que va desde Vallter hasta Ripoll, transcurre por el Parque Natural de las Cabeceras del Ter y del Freser.

Además, el Centro BTT del Ripollés ofrece 21 rutas de bicicleta de montaña variadas por toda la comarca, que están clasificadas con los mismos colores de las estaciones de esquí: verdes, azules, rojas y negras, en función de su dureza y perfil técnico (*https://ripollesturisme.cat/es*).

## Más información

• **Web de referencia:**
https://parcsnaturals.gencat.cat/es/xarxa-de-parcs/ter-freser
• https://es.elripolles.com
• www.valldenuria.cat/es
• **Centros de información:**
Queralbs: Plaza del Ayuntamiento
Setcases: C. del Rec s/n. Tel. 667 11 68 11
y pnterfreser.tes@gencat.cat
Vall de Núria.
• **Más información en:**
www.visitpirineus.com/es,
www.catalunya.com/es
www.costabrava.org/es

Vista aérea del Parque Natural de la Zona Volcánica de la Garrotxa, con el volcán del Croscat en primer término.

## LA TIERRA DE LOS 40 VOLCANES

# PARQUE NATURAL DE LA ZONA VOLCÁNICA DE LA GARROTXA

Ubicado en la provincia de Girona, este Parque Natural es uno de los más singulares de Cataluña, con una cuarentena de volcanes que ofrecen un inigualable paisaje de colinas y cráteres, fundidos con la vegetación. Podemos contemplarlos desde el aire, o bien pedalear o caminar entre ellos mientras disfrutamos de sus bosques, campos y pueblos.

NADA menos que unos cuarenta volcanes alberga el Parque Natural de Zona Volcánica de La Garrotxa que, con 15.000 hectáreas, es toda una referencia del paisaje volcánico peninsular. Algunos de estos volcanes tienen conos y otros no, dependiendo de si las erupciones fueron explosivas o tranquilas y, en general, suelen estar cubiertos de vegetación, ofreciendo un paisaje verde y relajante. Las coladas de lava, al enfriarse y sufrir la erosión de los ríos, han dejado formas diversas como columnas y losas de basalto, que dan un toque mágico al paisaje.

Además del incuestionable atractivo de sus volcanes, el Parque Natural ofrece todo un mosaico de bosques, prados y cultivos, albergando una gran diversidad de especies representativas del territorio mediterráneo. Podemos pasear entre robledales, hayedos o alcornocales, y cambiar después a sus bosques de ribera, con álamos, fresnos o sauces junto a los ríos.

Estamos ante un destino que combina naturaleza, historia y volcanes con importantes reservas y espacios que muestran su singularidad. Sus pueblos y ciudades ofrecen un perfecto punto de partida para explorar el entorno. Comenzando por Olot, capital de la comarca de la Garrotxa y

ADOBESTOCK/ ARCHIVO GRANDES ESPACIOS

AGENCIA CATALANA DE TURISMO / ORIOL CLAVERA

conocida como la "ciudad de los volcanes", con edificios emblemáticos como la modernista Torre Castanys, en el Parc Nou, que cuenta con un jardín botánico.

Otro pueblo destacado dentro del Parque Natural de la Zona Volcánica de la Garrotxa es Santa Pau, con un casco antiguo declarado conjunto histórico-artístico, dominado por un castillo y una pintoresca plaza porticada; además de estar rodeado por parajes volcánicos como el del Cros-

cat y el de Santa Margarida. Y, aunque no está íntegramente dentro del Parque Natural, no podemos perdernos el impresionante risco basáltico de Castellfollit de la Roca: levantado en lo alto de una pared formada por antiguas coladas de lava volcánicas superpuestas, con estrechas calles y casas construidas al borde del precipicio. Igualmente, aunque está fuera del límite del Parque Natural, el municipio de Besalú se erige como uno de los pueblos medievales mejor conservados

El pequeño pueblo de Castellfollit de la Roca se alza sobre un espectacular risco basáltico de 50 metros de alto y de casi un kilómetro de largo; en su borde, la iglesia de Sant Salvador ofrece unas vistas privilegiadas. A la izquierda, la vía verde del Carrilet, uno de los caminos adaptados para personas de distintas capacidades.

de Cataluña, con un puente medieval del siglo XII que es un icono de la comarca. Desde cualquiera de ellos se pueden realizar múltiples rutas de senderismo y otras actividades como las que proponemos a continuación.

## ● Circular por el corazón del Parque Natural

**DISTANCIA:** 11 km.
**DESNIVEL:** +270 m.
**DIFICULTAD:** moderada.
**MAPA:** https://desni.in/6g7by
**DURACIÓN:** 4 h.

Esta ruta circular está pensada para visitar los lugares más conocidos y atractivos del Parque Natural de la Zona Volcánica de la Garrotxa, como son el hayedo de Jordà (*Fageda d'en Jordà*), el volcán del Croscat y el de Santa Margarida. Lo más recomendable es iniciar en el área de Can Serra , pero también se puede comenzar en el área de Santa Margarida.

La *Fageda d'en Jordà* es un excepcional bosque de hayas que crece en un terreno de baja altitud; se asienta sobre una colada de lava del volcán del Croscat, la cual ofrece un relieve accidentado, con abundantes y características prominencias. Tras dejarlo atrás, el camino sube

ADOBESTOCK/ ARCHIVO GE

Arriba, la Vía Láctea sobre la localidad de Santa Pau, punto de partida de numerosas excursiones. Abajo, el pueblo de Besalú, uno de los conjuntos medievales mejor conservados de Cataluña. Derecha, un globo sobrevuela el volcán de Santa Margarida con su cráter circular, en cuyo centro está la ermita románica que le da nombre, la cual vemos en la imagen de abajo.

AGENCIA CATALANA DE TURISMO / ORIOL CLAVERA

hacia el cuello de Can Batlle y se dirige a la iglesia románica de Sant Miquel Sacot, del siglo XI. De allí baja al plan de Sacot y se sitúa en el flanco suroeste del volcán de Santa Margarida. Se trata de un volcán mixto que tuvo distintas fases eruptivas; presenta un amplio cráter circular, dentro del cual se encuentra la ermita que le da nombre. A excepción del cráter, que hoy es un prado, el resto del volcán está cubierto de bosques de encinas, robles y castaños.

El recorrido desciende hasta el Área de Santa Margarida, donde encontramos baños, zona de pícnic y paneles informativos, además de un aparcamiento regulado. Saliendo de este área en dirección norte llegamos hasta el centro de información Can Passavent, situado en la ladera del volcán Croscat. Este volcán presenta el cono más grande de la Península Ibérica, con 160 m de altura. Durante años sufrió extracciones de materiales volcánicos, que han dejado unos impresionantes cortes (gredales), muy visibles. Finalmente, el camino baja sua-

vemente hasta Can Serra y vuelve al punto de partida, en el hayedo. A lo largo de este recorrido podemos enlazar con otros itinerarios que invitan a seguir descubriendo el territorio.

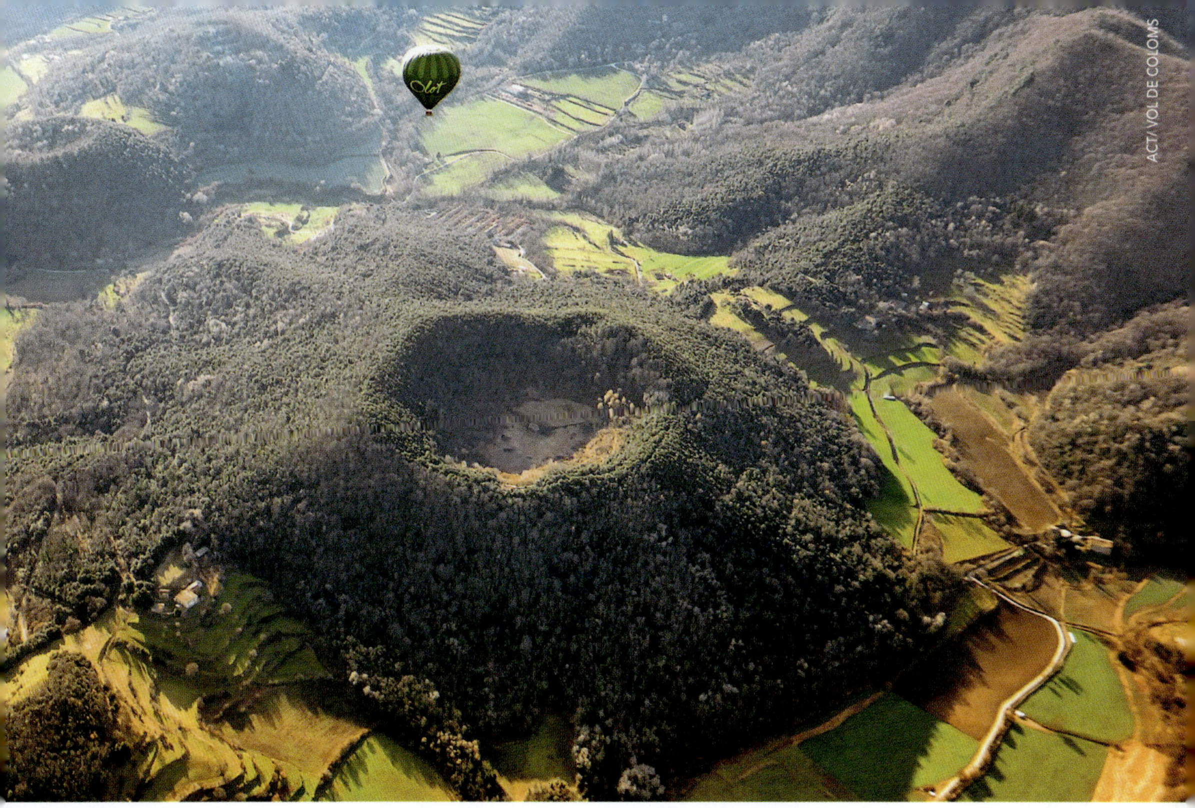

## • Ruta circular por el Santuario de Finestres y el poblado ibérico

**DISTANCIA:** 13,75 km
**DESNIVEL:** +615 m
**DIFICULTAD:** difícil.
**MAPA:** https://desni.in/8hk4r
**DURACIÓN:** 6h 30min.

Esta es una excursión de montaña para caminantes experimentados, que tiene como principal atractivo la combinación de la naturaleza con los vestigios que muestran su pasado histórico. Comienza en el pueblo de Sant Aniol de Finestres. Se empieza en dirección este, se cruza la riera del Llémena por el puente, siguiendo la carretera a Mieres y, más adelante, se gira hacia la izquierda por un camino que sube, a través del bosque, señalado con marcas amarillas. Al cabo de unos 3

km, se llega a Santa Maria del Freixe; donde podemos visitar su ermita prerrománica, del s. XI (restaurada en 2003). Seguir después la línea de cresta en sentido noroeste, donde se encuentra el poblado ibérico de La Palomera: un asentamiento defensivo del siglo III a.C, restaurado en 2007. Un poco más adelante llegaremos al santuario románico de Santa Maria de Finestres (datado del año 947, reformado después de los terremotos del s. XV), que es el punto más elevado de la ruta. Tras otros 10 minutos llegaremos a las ruinas del castillo de Finestres, desde donde se disfruta de

*AGENCIA CATALANA DE TURISMO / CHRISTOFFER WILLAN*

*ADOBESTOCK/ARCHIVO GE*

Arriba, paisaje otoñal de la reserva natural del hayedo de Jordà (*Fageda d'en Jordà*) que crece sobre un terreno singular, formado por una colada enfriada de lava . Abajo, la iglesia de Sant Joan les Fonts, que domina las tres coladas basálticas del Molí Fondo.

unas vistas espléndidas del Vall del Ser. El camino sigue después un fuerte descenso hasta cruzar la riera de Llémena y volver al punto de inicio.

## ● Espacios Museísticos para no perderse

Los Espacios Museísticos (EM) son lugares de interés, de imprescindible visita para profundizar en el conocimiento del Parque Natural. Algunos de ellos disponen de aparcamiento y un punto de información. Son el punto de inicio o de final de numerosas rutas, que se encuentran claramente señalizadas y en las que encontraremos material didáctico (carteles, rótulos...) sobre los principales valores de cada lugar; si bien es muy recomendable realizarlas con algún guía del Parque Natural que enriquecerá el aprendizaje. Enumeramos a continuación los siete Espacios Museísticos con los que cuenta, con sus características fundamentales.

# PROPUESTAS ECOTURÍSTICAS

Actividades planteadas con criterios sostenibles, que nos harán tener una experiencia más cercana a la naturaleza.

ADC BESTOCK/ ARCHIVO GE

## ● Descubre las mariposas

El Parque Natural de la Zona Volcánica de la Garrotxa es un lugar privilegiado por la gran diversidad de especies de mariposas que alberga. En esta actividad aprenderás a distinguir las especies más destacadas de estos fantásticos insectos mientras recorres los prados floridos y los bosques, en un entorno pleno de biodiversidad. La actividad puede ser de medio día o de una jornada completa, siempre acompañados de un guía oficial del Parque Natural.
**Contacto:** Trescàlia, *info@trescalia.com* y *www.trescalia.com/portfolio/les-papallones-del-parc-natural*

## ● En bicicleta entre volcanes

Rutas paisajísticas sobre dos ruedas por la Vall d'en Bas y la Fageda d'en Jordà, dentro del Parque Natural de la Zona Volcánica de la Garrotxa, algunos de los lugares más bellos y emblemáticos del territorio. Las rutas son circulares, autoguiadas con GPS, y tienen inicio y retorno en el Camping Natura de Les Preses. Los participantes reciben todo el material necesario para realizar la actividad: mapas, GPS, bicis y equipamiento.

Es una actividad de fin de semana, con pernoctación en una *mobil home*.
**Contacto:** *info@garrotxambici.com* y *www.garrotxambici.com/es*

## ● Mas la Coromina: un día en una granja de vacas lecheras

La granja Mas la Coromina-ATO, situada en la Vall d'en Bas, ofrece una experiencia inmersiva en la vida rural catalana. Durante la visita, los participantes pueden recorrer los campos, alimentar a las vacas, presenciar el ordeño y degustar leche y productos derivados elaborados artesanalmente. Además, aprenderán sobre los ciclos de la granja: desde el cultivo de los campos al cuidado del ganado o la producción láctea. La granja es accesible para personas con movilidad reducida. Una experiencia divertida y educativa para toda la familia. También visitas para grupos y escuelas.
**Contacto:** *info@maslacoromina.cat* y *www.maslacoromina.cat/es*

ACT / PAOLO & PINAR PINZUTI

• **EM Grederas del volcán del Montsacopa:** este volcán tiene un cráter circular, con antiguas zonas de extracciones (*grederas*), en las que se pueden observar las rocas volcánicas que forman el cono y entender los procesos geológicos de su formación. Término municipal de Olot.

• **EM del volcán del La Pomereda:** antigua extracción minera de piroclastos que ha dejado al descubierto un interesante afloramiento geológico. Término municipal de Olot.

• **EM Gredera del volcán de Sant Marc y pedrera del volcán de Puig Roig:** estos espacios permiten observar la formación de un cono volcánico a partir de piroclastos (volcán de Sant Marc) y la roca basáltica formada a partir del enfriamiento de una colada de lava. Término municipal de Sant Feliu de Pallerols.

• **EM Grederas del volcán del Croscat:** la zona de las grederas de este volcán fue restaurada para que los visitantes puedan observar cómo es un cono volcánico por dentro. En los términos municipales de Santa Pau y Olot.

• **EM del volcán de Rocanegra:** volcán de gran interés científico y pedagógico por su morfología, catalogado como el más joven de la Zona Volcánica. Término municipal de Santa Pau.

• **EM del volcán de Santa Margarida:** además de por la ermita construida en su cráter, este volcán se distingue por su particular combinación de material volcánico y de roca sedimentaria. Término municipal de Santa Pau.

• **EM del Boscarró i Molí Fondo:** es un lugar de especial interés geológico pues aquí confluyen tres coladas de lava, permitiendo observar las formaciones que hacen al solidificarse. La primera está fechada como la más antigua de la Zona Volcánica, con cerca de 600.000 años. Término municipal de Sant Joan les Fonts.

## • LA GARROTXA DESDE EL CIELO

Sin duda, desde donde mejor se puede apreciar la magnitud de los volcanes es desde el aire, y los globos nos ofrecen una oportunidad para sentirnos pájaros por unas horas. Una experiencia inolvidable en la que podremos ver una panorámica 360º del paisaje. La actividad incluye un brindis con cava y degustación de un dulce típico (coca de llardons) durante el vuelo.

**Más información en:** *www.voldecoloms.cat/es*

## • AVENTURA, GASTRONOMÍA Y MÁS

Si te gusta la aventura y el descubrimiento, hay muchas más opciones para disfrutar las diversas facetas de esta tierra de volcanes. Desde rutas a caballo, en bicicleta, observación de las estrellas (con opción a taller de iniciación a la astronomía), descenso de barrancos en Sant Aniol o mirar la puesta del sol desde la cima del emblemático Puigsacalm. Y, por supuesto, no puedes irte sin degustar los sabores de la Garrotxa, con su Cocina Volcánica y platos estrella como las patatas de Olot o las alubias de Santa Pau. Visitar un obrador de chocolate o a una quesería también están entre el sinfín de actividades que ofrece esta zona.

ARCHIVO PTCBG / MARIA GELI - PILAR PLANAGUMÀ

El vuelo en globo (a la izquierda) o las rutas en bici (abajo) ofrecen una forma diferente de recorrer el Parque Natural. Arriba, las grederas del volcán del Croscat, que durante años fue explotado como cantera.

AGENCIA CATALANA TURISMO / PAOLO & PINAR PINZUTI

# Más información

• **Turisme Garrotxa:**
Av. Onze de Setembre, 22, 2ª planta - Olot. https://es.turismegarrotxa.com, contacto: info@turismegarrotxa.com
• **Agencia de Turismo Medioambiental de la Garrotxa:** www.atma.cat/es
• **Centro de Información del Parque Natural Casal dels Volcans:** Av. de Santa Coloma, 47 - Olot. Contacto: pnzvg@gencat.cat, tel: 972 268 112.
• **Web de referencia:**
https://parcsnaturals.gencat.cat/es/xarxa-de-parcs/garrotxa/inici
• **Más información en:**
www.visitpirineus.com/es
www.catalunya.com/es
www.costabrava.org/es

El atardecer y el amanecer son los mejores momentos del día para observar a las aves y disfrutar de los espectaculares escenarios de las lagunas, humedales y marismas de l'Empordà.

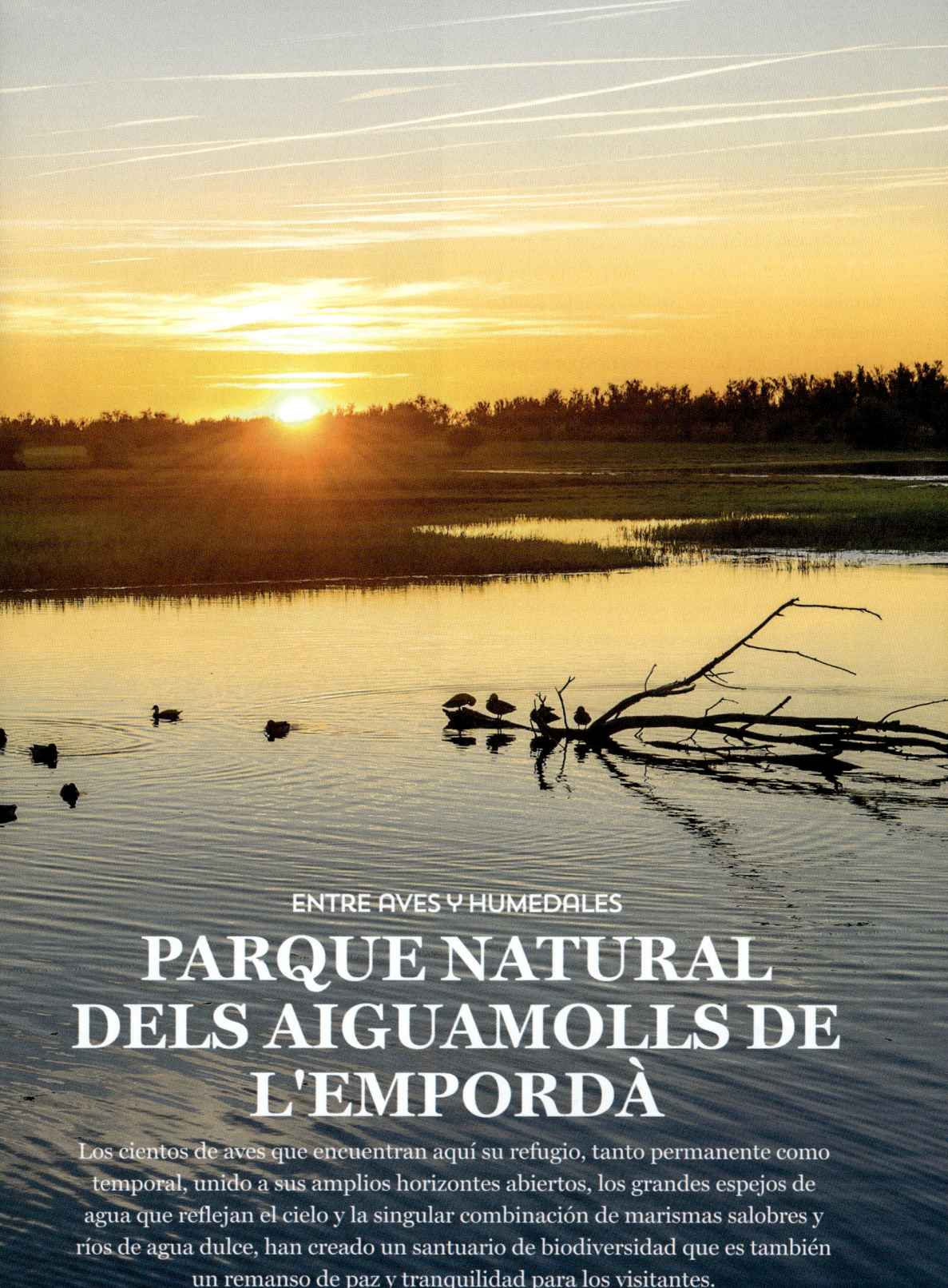

ENTRE AVES Y HUMEDALES

# PARQUE NATURAL DELS AIGUAMOLLS DE L'EMPORDÀ

Los cientos de aves que encuentran aquí su refugio, tanto permanente como temporal, unido a sus amplios horizontes abiertos, los grandes espejos de agua que reflejan el cielo y la singular combinación de marismas salobres y ríos de agua dulce, han creado un santuario de biodiversidad que es también un remanso de paz y tranquilidad para los visitantes.

CON su pico rojo y elegante silueta, la cigüeña blanca va rompiendo el aire en su viaje desde Europa hasta las cálidas tierras africanas. Por fortuna, los humedales del Empordà le ofrecen un oasis de descanso donde reponer fuerzas antes de continuar su larga travesía. En estas mismas aguas, muchas otras aves migratorias encuentran refugio y alimento: los flamencos, que tiñen de rosa las lagunas saladas, mientras el águila pescadora traza círculos en el cielo para después lanzarse certera a por su presa.

Este escenario no solo es un alto en el camino para las aves viajeras, sino también el hogar permanente de especies residentes. Aquí viven, entre otras, la negra y discreta focha común, el pato colorado o la majestuosa garza real. En las playas cercanas, el pequeño chorlitejo patinegro corretea juguetón, mientras jilgueros y ruiseñores enriquecen la banda sonora desde los bosques. Aún más espectaculares son las sombras negras que vemos en el cielo, formadas por cientos de estorninos que se mueven al unísono, formando ondulantes e hipnóticas figuras.

Más allá de su fascinante avifauna, en los humedales también habitan mamíferos que encuentran en este entorno un lugar ideal para prosperar. Entre los canales y lagunas, la nutria europea se mueve con sigilo, dejando a veces ras-

ADOBESTOCK / ARCHIVO GE

Numerosas especies como patos, flamencos y cigüeñas, comparten en armonía las aguas de los humedales y los prados circundantes; observarlos acompañados de un guía local enriquece la experiencia.

ARCHIVO PTCBG / DIEGO ESPADA

tros de su presencia en las orillas, mientras que el jabalí explora los prados y bosques en busca de alimento. En el cielo nocturno sobrevuelan los pequeños murciélagos de herradura, jugando un papel esencial en el control de insectos.

La extraordinaria diversidad de especies que encuentran refugio en las marismas del Empordà es una de las mayores riquezas del Parque Natural dels Aiguamolls de l'Empordà. Situado al pie de los Pirineos de Cataluña, este espacio natural conecta las montañas y el Mediterráneo a través de los ríos Muga y Fluvià, que nacen en las cum-

bres y descienden hacia el litoral, dando vida a este territorio de transición entre la cordillera y la costa, hasta desembocar en la bahía de Roses.

Geográficamente, se encuentra en el Alt Empordà, Girona, abarcando municipios como Castelló d'Empúries, Sant Pere Pescador, Peralada, Roses o Pau, todos ellos marcados por la influencia de los humedales. Es una de las joyas naturales de la comarca, junto a espacios como el Cap de Creus o la Sierra de la Albera, y forma parte de las principales zonas húmedas de Cataluña, junto a los deltas del Ebro y del Llobregat.

El Parque Natural fue creado en 1983, abarcando un total de 4.722 hectáreas, de las que 824 son reserva natural integral estrictamente protegida. Su principal objetivo es salvaguardar la valiosa biodiversidad que nace de su singular combinación de zonas húmedas, dunas, prados y bosques. Aquí son típicos los *closes*: unos prados de pasto cercados por canales de drenaje y rodeados por árboles de ribera, como olmos, fresnos o álamos, que ocupan el lecho de antiguos estanques y se inundan en épocas de lluvias. El escenario cambia en función de la época del año: verde y frondoso

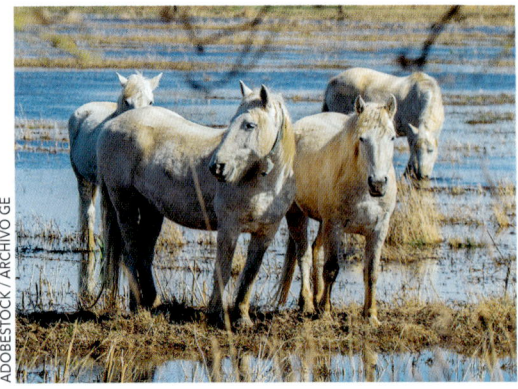

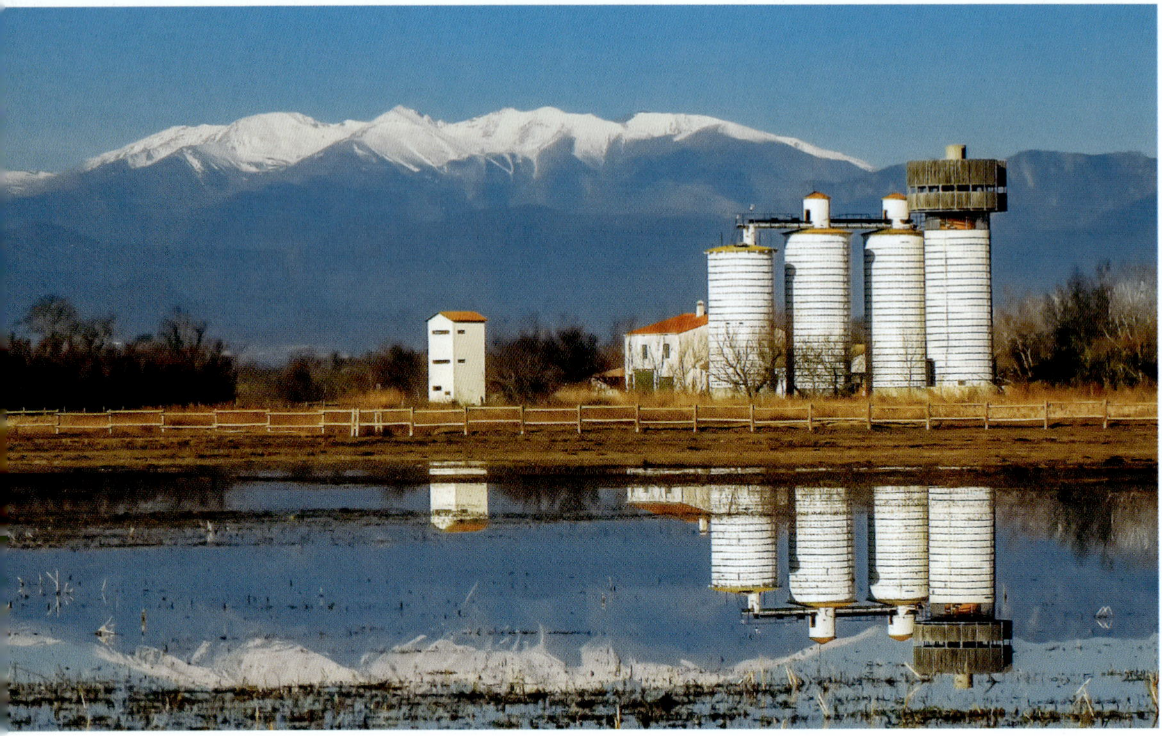
ADOBESTOCK / ARCHIVO GE

en primavera; con las umbrías y los prados repletos de insectos en verano; de cálidos colores en otoño y con los árboles desnudos en invierno.

Para poder disfrutarlo causando la menor molestia posible a su fauna, el Parque ha diseñado una red de itinerarios señalizados y ha instalado un total de 17 observatorios (*aguaits*) diseminados por el territorio. Su contemplación nos inspira a encontrar nuestra propia serenidad y armonía con la naturaleza. Como escribió Maria Àngels Anglada, autora y poeta catalana muy vinculada a estas tierras: «*Las aves migratorias encuentran aquí un descanso. Nosotros, una lección de libertad*».

ADOBESTOCK / ARCHIVO GE

## Recomendaciones para visitantes

Las mejores horas para observar los pájaros son la mañana y el atardecer, y las épocas en que hay más especies son las de las migraciones (marzo-mayo y agosto-octubre), aunque durante todo el año se pueden ver especies interesantes. Para una mejor observación de las aves son imprescindibles los prismáticos, que se pueden alquilar en el centro de información. Piensa en llevar prendas miméticas (de colores suaves) para no asustar a las aves. Consulta la previsión meteorológica, como los avisos de viento, lluvia u otros factores que puedan dificultar el acceso a los itinerarios. Si ha llovido recientemente, vendrá bien llevar botas de agua, y durante el verano agradeceremos contar con un repelente de mosquitos. Hay que ir provistos de agua, pues en todo el espacio

Las garcetas y los patos están entre las especies más comunes del Parque Natural. A la izquierda, el observatorio de Senillosa: cuatro torres de antiguos silos de arroz, que ofrecen vistas panorámicas; y caballos de raza Camarguesa.

protegido no hay fuentes de agua potable. En época de nidificación (del 1 de abril al 30 de junio), algunos caminos están cerrados para proteger a las aves. Además, en algunos tramos de determinados recorridos no está permitido el acceso con perro, incluso si van atados. Antes de iniciar cualquier ruta, lo más recomendable es informarse en el Parque Natural, así como contar con guías especializados que nos ayuden a profundizar en el conocimiento del espacio y sus valiosos hábitats y especies. En zona de reserva natural integral, es obligatorio seguir los itinerarios marcados.

El propio Parque Natural ha diseñado una serie de itinerarios marcados, de los que a continuación ofrecemos una muestra. Toda la información está disponible en la web del Parque Natural, así como en la página de Wikiloc (usuario: *Parc Natural dels Aiguamolls de l'Empordà*).

## • VUELTA A LA RESERVA INTEGRAL DE LES LLAUNES

**DISTANCIA:** 9,67 km
**DESNIVEL:** 1 m.
**DIFICULTAD:** Fácil
**HORARIO:** 2 h 20 min.
**MAPA:** https://desni.in/8fud4

Ruta circular que nos aporta una visión completa de los hábitats y de las especies más emblemáticas del Parque, bordeando la Reserva Integral de Les Llaunes. Parte del centro de información de El Cortalet, donde será necesario preguntar por el estado de la ruta, ya que hay 500 m inundables en la playa de Can Comas (se pueden hacer, pero hay que mojarse los pies). Queda prohibido totalmente el paso por el tramo de playa de este itinerario del 1 de abril al 30 de junio, porque es época de nidificación. Junto al centro de información, tenemos el observatorio Quim Franch, sobre el

DEPARTAMENT DE PRESIDENCIA DE LA GENERALITAT DE CATLUNYA

# PROPUESTAS ECOTURÍSTICAS

Las actividades propuestas nos ofrecen una inmersión en la vida del Parque Natural dels Aiguamolls de l'Empordà, respetando al máximo a las especies y sus hábitats.

### • Ornitokayak

Disfruta de una combinación única de navegación en kayak y observación de la variada fauna del Parque Natural. El recorrido por los canales se realiza con la compañía de un guía experto en ornitología, que te ayudará a identificar las aves, te explicará su comportamiento y te proporcionará interesantes datos sobre el ecosistema único de este entorno.
**Contacto:** Kayak Costa Brava, *info@kayakcostabrava.com* y *https://kayakcostabrava.com/es/ornito kayak-en-los-aiguamolls/*

JOSÉ LUIS RODRÍGUEZ

### • A pie por el Parque Natural dels Aiguamolls de l'Empordà

Una ruta guiada a pie para descubrir la fauna y la flora del Parque Natural, prestando especial atención a las aves migratoras y residentes. Acompañado por un guía especializado, aprenderás sobre el ecosistema único del Parque Natural y la importancia de los humedales como hábitats esenciales. Es accesible para todos los niveles y perfecto para disfrutar en familia o con amigos. La duración puede adaptarse según las necesidades del grupo, aunque suele ser de entre 2 y 4 horas.
**Contacto:** Rutes Pirineus, *info@rutespirineus.cat* y *www.rutaspirineos.org/rutas/parque-natural-de-las-marismas-del-ampurdan*

### • Atardecer en los humedales

Navega en kayak por los humedales durante la puesta de sol y disfruta de una experiencia tranquila en esta hora mágica. La actividad te permite observar la naturaleza en su momento más sereno, con la oportunidad de ver aves regresando a sus nidos o en movimiento por el agua mientras el día llega a su fin. De regreso, con los guías formados en el programa SEO Birdlife-Iberaves, conocerás a los habitantes del Parque que se activan de noche.
**Contacto:** Kayak Costa Brava, *info@kayakcostabrava.com* y *http://kayakcostabrava.com/es/puesta-de-sol-en-los-aiguamolls/*

estanque del Cortalet. Pasaremos también por Los Prados de Can Comas, que son una extensa zona de prados cerrados (*closes*) y juncales alrededor del cortal del mismo nombre, cerca de las Llaunes. Se trata de un área de gran interés para la reproducción y la invernada de aves acuáticas. Desde el observatorio de Les Arpelles, podremos admirar la transición paisajística entre las lagunas litorales y las dunas. También se pasa cerca de un dormidero de cormoranes, donde se reúnen docenas de ejemplares entre octubre y marzo. En general, durante todo el recorrido iremos conociendo los hábitats de los estanques de agua dulce, las *closes* y las acequias, los antiguos campos de arroz, Les Llaunes y los salobrales.

Es importante tener en cuenta que estamos en una zona de alto valor ecológico con el máximo rango de protección; solo se puede circular por los caminos señalizados, sin salirse de ellos. No se puede realizar con perros ni en bicicleta.

### • RUTA MIG DE DOS RIUS

**DISTANCIA:** 2,5 km.
**DESNIVEL:** 1 m.
**DIFICULTAD:** muy fácil.
**HORARIO:** 45 min (solo ida)
**MAPA:** https://desni.in/nfhdb

Si disponemos de poco tiempo, este recorrido corto y llano ofrece una buena opción para admirar la variedad paisajística del Parque Natural. Parte del aparcamiento de Mig de Dos Rius, que está a unos 1,5 km de la desembocadura del río Fluvià. Siguiendo el margen izquierdo del tramo final del río, podremos disfrutar de varios paisajes naturales, como los prados de siega, llenos de flores de todo tipo, y el bosque de ribera, un lugar perfecto para la cría de aves como la oropéndola o el pito ibérico. También se puede divisar la Reserva Integral de la isla fluvial de Caramany, donde se localiza uno de los bosques de ribera más extensos, bien estructurados y conservados

ADOBESTOCK / ARCHIVO GE

ADOBESTOCK / ARCHIVO GE

Muchos de los itinerarios transcurren por pasarelas de madera que protegen los humedales. También las golondrinas vuelven año tras año a este acogedor hábitat.

del espacio protegido. Otro de los puntos fuertes del paseo es la oportunidad de observar muchas especies de plantas de ribera, aves y rastros de animales que habitan en el río, como la nutria. El itinerario transcurre por la finca Mig de Dos Rius, que tiene unas 10 hectáreas y fue adquirida por la Obra Social CatalunyaCaixa en 1999. Algunos tramos del camino pueden inundarse, así que se recomienda consultar previamente en el Centro de Información del Parque Natural.

ADOBESTOCK / ARCHIVO GE

## • RUTA CICLOTURISTA CIRCULAR LARGA

**DISTANCIA:** 84,17 km
**DESNIVEL:** 37 m.
**DIFICULTAD:** Difícil.
**HORARIO:** 6 h 30 min.
**MAPA:** https://desni.in/e7fwh

Esta ruta circular para realizar en bici nos lleva a recorrer los diferentes municipios y paisajes del Alt Empordà. Iniciamos el itinerario en la estación de tren de Figueres, en dirección este hacia Vilanova de la Muga y, a continuación, por

ACT / JASE WILSON / CVVGI

el camino natural de La Muga hasta Castelló d'Empúries. Podremos conocer de cerca el río pirenaico de La Muga, que atraviesa La Plana Empordanesa y que constituye un corredor ecológico importante, posibilitando el intercambio biológico con otros espacios naturales, a la vez que moldea el paisaje.

El itinerario conecta con la llamada *Ruta dels estanys* (Ruta de los lagos), y sigue dando la vuelta por Empuriabrava y las lagunas, para volver a Castelló d'Empúries. El estany de Castelló –que se desecó para convertir las tierras en pastos y campos– es un buen ejemplo de la relación histórica de la sociedad con los humedales y todavía conserva muestras representativas de los hábitats de agua dulce. De hecho, gran parte de la ruta atraviesa espacios agrarios, en los que podremos ver pastos, márgenes, acequias y campos de secano y regadío.

Tras cruzar La Muga por el puente viejo vamos dirección sur hacia la playa de Sant Pere Pescador, siguiendo la ruta Pirinexus. Esta playa es el

ADOBESTOCK / ARCHIVO GE

resultado de la relación entre los ríos, la tramontana y el mar, y de su buena conservación depende la protección del litoral frente a la crisis climática. Podremos ir disfrutando de las vistas por el carril bici que transcurre paralelo a la playa, hasta llegar a Sant Martí d'Empúries, desde donde seguimos en dirección norte por el interior. Cruzamos Cinc Claus (pasando junto a la iglesia de Santa Reparada) y seguimos hacia l'Armentera para volver a Sant Pere Pescador. Repetimos un tramo de vuelta hasta un cruce donde cogemos la dirección de Fortià y, a continuación, la de Vilasacra, para llegar de nuevo a Figueres, nuestro punto de partida. Es una actividad exigente que se recomienda planificar con antelación, consultando las guías y el mapa del recorrido y respetando en todo momento la señalización.

Encontraremos muchas otras propuestas de rutas para recorrer tanto caminando como en bici en la web del Parque Natural dels Aiguamolls de l'Empordà, de las que podremos disfrutar con el respeto que este valioso espacio merece.

Un grupo de flamencos descansa en una de las lagunas, con su característica pose sobre una sola pata.
El escaso desnivel de los itinerarios del Parque Natural hace que sean aptos para recorrer con los más pequeños (izquierda). Y abajo, en una de las rutas aptas para bici.

## Más información

- **Centro de información del Parque Natural:**
El Cortalet (abierto todo el año)
Ctra. De Sant Pere Pescador a Castelló d'Empúrieda, km. 4,2. Tel. 972 454 222
pnaiguamolls@gencat.com
- **Centro de información del Matà**
(abierto con horarios limitados, consultar) Ctra de Sant Pere Pescador a Castelló d'Empúries, km. 13.
- **Web de referencia:**
https://parcsnaturals.gencat.cat/es/xarxa-de-parcs/aiguamolls-emporda
- **Guía del Parque:**
www.aiguamollsdelemporda.cat/es
- **Más información:**
www.visitpirineus.com/es
www.catalunya.com/es
www.costabrava.org/es

La riqueza geológica, biológica y paisajística del paraje de Cap de Creus llevó a su declaración como Parque Natural en 1998. Su abrupto relieve forma pequeñas calas de ensueño.

# PARQUE NATURAL DE CAP DE CREUS

Su paisaje salvaje e inspirador, con rocas esculpidas por la tramontana y acantilados de vértigo, así como sus vistas a los macizos pirenaicos a un lado y al horizonte mediterráneo al otro, hacen de este Parque Natural uno de los más singulares de toda Cataluña.

AGENCIA CATALANA DE TURISMO / ORIOL CLAVERA

A L contemplar las oníricas formaciones rocosas, esculpidas por el fuerte viento de tramontana, con los colores rojizos y amarillos de sus acantilados fundiéndose con el azul del mar, se comprende al instante que artistas de la talla de Salvador Dalí se hayan sentido atraídos por este espacio. O que cocineros como Ferran Adrià lo hayan escogido como sede de su arte culinario (la célebre fundación El Bulli está en Cala Montjoi). Otros escritores, cantantes y artistas de distintos ámbitos han encontrado su inspiración en el paisaje salvaje, duro y a la vez acogedor de esta región catalana del nordeste, donde el Pirineo catalán desciende y va a encontrarse con el Mediterráneo.

Declarado Parque Natural en 1998, se trata del primer parque marítimo-terrestre del país, que combina la protección de su zona terrestre, especialmente de la península de Cap de Creus (de unas 11.000 hectáreas) con la zona marina (de unas 3000 hectáreas). Además de su incontes-table belleza paisajística, variada y llena de color, su valor medioambiental es muy elevado. Acoge especies endémicas como el caracol *Mastigophallus rangianus*, numerosos anfibios y aves sobrevolando los acantilados, como el cormorán moñudo, alcatraces, gaviotas o págalos, característicos de la región. Surcando su fondo marino queda también patente su valor, con tesoros como el coral rojo o los bosques de poseidonia, además de bogavantes, tortugas marinas o delfines. Desde el Cap de Creus –la punta más oriental de toda la Península Ibérica– hasta la más meridional Punta Falconera, con la panorámica del golfo de Roses y sus búnkeres históricos– las vistas son un regalo para los sentidos.

Cada uno de sus pueblos guarda un encanto especial. Desde Cadaqués con sus casas blancas y su puerto pesquero, los pintorescos El Port de la Selva y La Seva de Mar o el más visitado Roses, que combina sus playas y calas con su ciudadela histórica. O la vida rural de Pau y

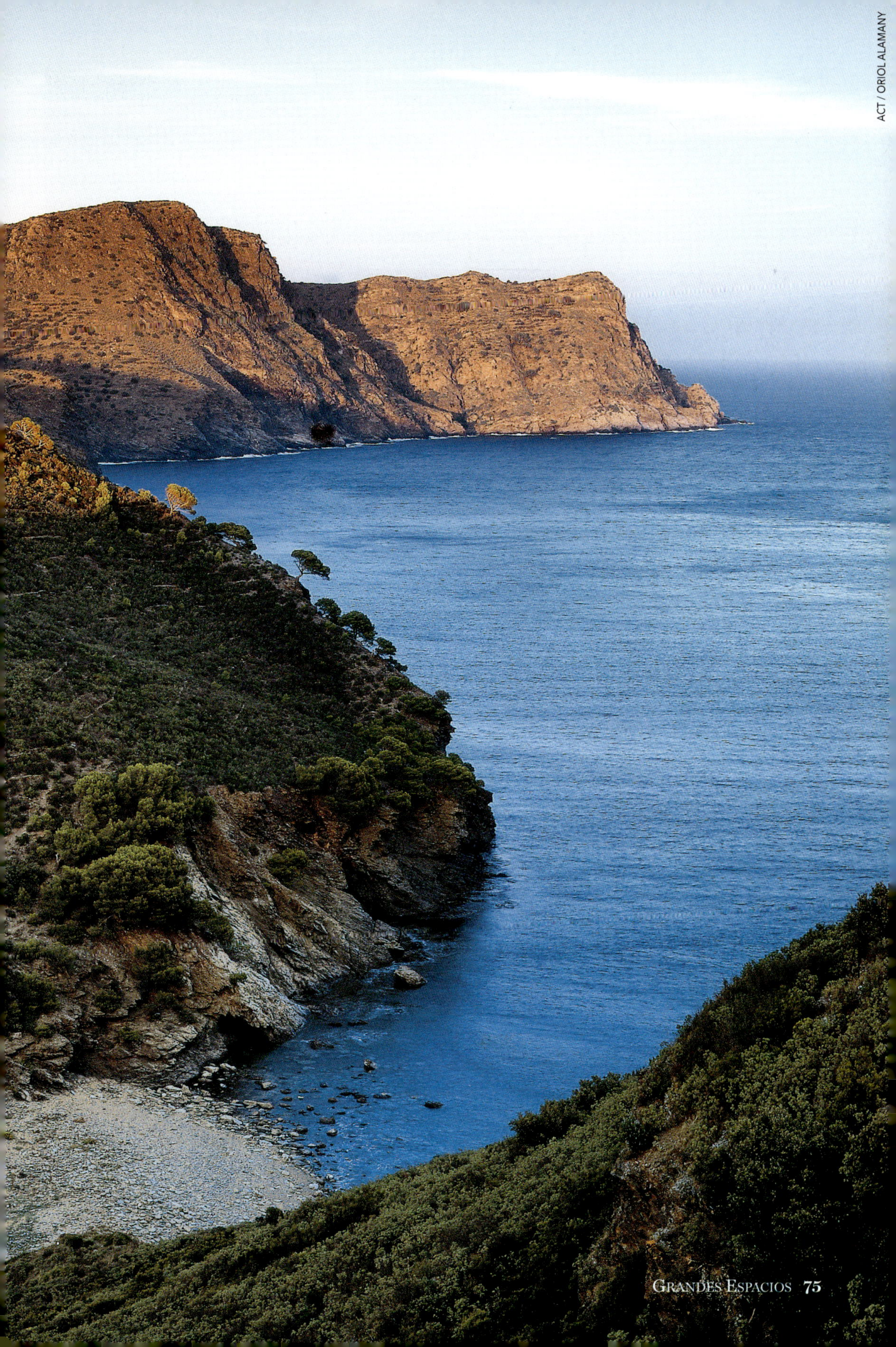

ACT / ORIOL ALAMANY

El monasterio benedictino de Sant Pere de Rodes, de origen medieval, fue declarado Monumento Histórico Artístico Nacional en 1930. Abajo, leyendo un panel informativo junto al faro de Cap de Creus. A la derecha, un ciclista en la carretera que recorre esta costa.

*ACT / CHRISTOPHER WILLAN PHOTOGRAPHY*

*AGENCIA CATALANA DE TURISMO / INMEDIA SOLUTIONS SL*

Palau-Saverdera, este último con la ermita de San Onofre y su patrimonio de dólmenes, testimonio de la presencia humana en el Neolítico. En el apartado arquitectónico destaca Sant Pere de Rodes, una joya del arte románico, con construcciones que datan del siglo IX al XVIII; es además uno de los refugios más importantes de Cataluña para el amenazado murciélago orejudo gris.

En definitiva, por la combinación que ofrece de paisajes de costa y de interior, el Parque Natural de Cap de Creus es uno de los más singulares de Cataluña, perfecto para visitar en cualquier estación. Hay que tener en cuenta que, en determinadas épocas del año, el acceso con vehículos está restringido.

## • RESERVAS NATURALES INTEGRALES

El Parque Natural cuenta con dos Reservas Naturales Integrales: Cap de Creus y Cap Norfeu. Son espacios que cuentan con la máxima protección –por sus destacados valores geológicos,

botánicos y paisajísticos a conservar–, en los que no está permitido salirse de los caminos habilitados. Obviamente, tampoco está permitida la extracción ni la recolección de minerales, fósiles, plantas ni animales.

**• Cap de Creus y sus esculturas naturales**
El fuerte viento que azota el Cap de Creus, combinado con la acción del agua y la salinidad, han moldeado este espacio, con curiosas esculturas naturales de roca que forman un paisaje único. Incluso cuentan que una de ellas, la "Roca Cavallera", fue la inspiración de Salvador Dalí para pintar su cuadro *El gran masturbador*. En los años setenta, la zona de Tudela estuvo ocupada por unas instalaciones turísticas que, tras la creación del Parque Natural, se inició un proceso de restauración ambiental que supuso la deconstrucción de edificios, retirada de plantas invasoras y acondicionamiento de caminos, en una actuación única en el litoral mediterráneo. Hoy es

posible admirar su valiosa naturaleza y entorno salvaje, habitado únicamente por especies de plantas adaptadas a su clima seco –como el enebro rojo o el hinojo marino– y animales como reptiles y anfibios. Con suerte incluso podemos ver saltar un grupo de delfines en el horizonte marino. Otra de las visitas imprescindibles es al faro de la Punta de Cap de Creus, construido en el siglo XIX y aún en funcionamiento. La cova de s'Infern o los pequeños islotes de s'Encalladora o Massa d'Or, forman parte del paisaje.

**• Cap Norfeu, la inspiración de Orfeo**
Cuenta una leyenda que el héroe griego Orfeo naufragó cerca de aquí y se salvó subiendo a una roca en medio del mar. Inspirado por la belleza del lugar, empezó a tocar la lira y a cantar canciones; entonces, las montañas que querían escuchar su magnífica música, se acercaron hasta el islote, creando Cap Norfeu y permitiendo al héroe volver a tierra firme. Más allá de leyendas, la

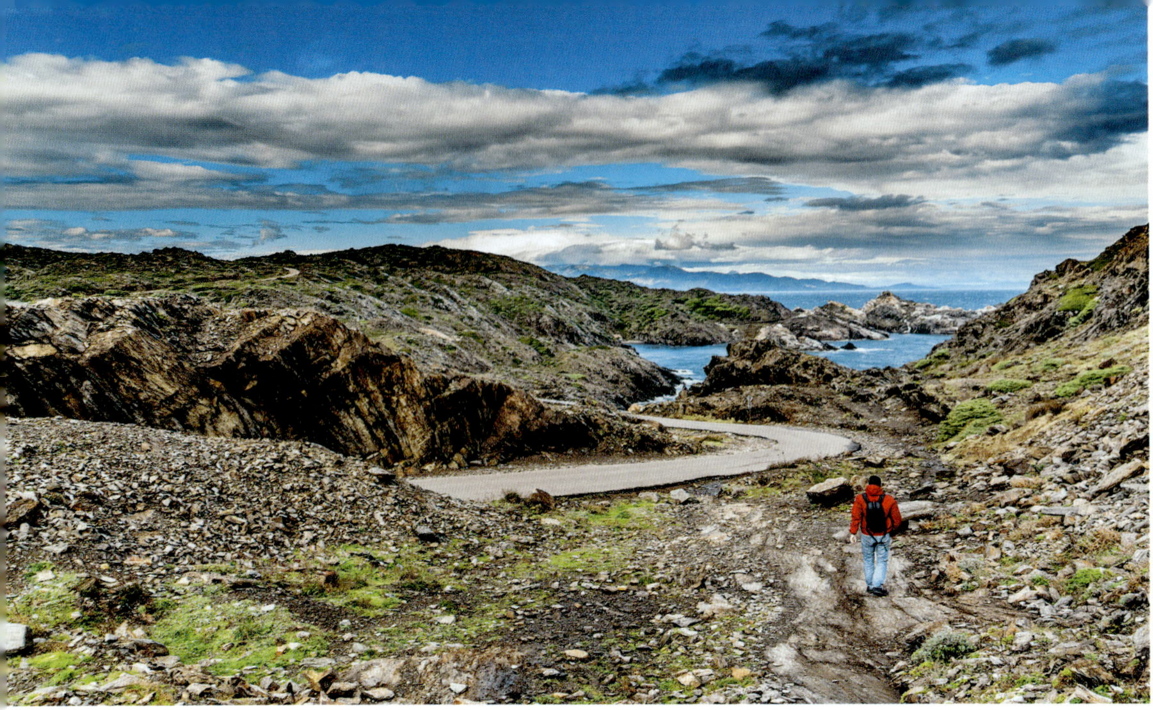

El relieve rocoso del Cap de Creus deja pequeñas playas y calas, algunas de ellas de difícil acceso, que conservan una rica biodiversidad marina. Arriba, en la aproximación a la playa de S'Aranella, cerca de Cadaqués.

belleza de esta península que se adentra en el mar es única. Cuenta con algunos de los acantilados de mayor altura de Cap de Creus, que yerguen imponentes desde el mar. También en su entorno sobreviven valiosas plantas endémicas, como la caracola de Cap de Creus o, en el medio marino, bosques de posidonia. Hoy reserva protegida, conserva testimonios de la presencia humana en el pasado, con chozas de pastores, muros de piedra seca o la cueva de las Ermites, que se usaba para guardar el ganado. También destaca la Torre de Norfeu, construida en el año 1598 como torre de vigía. Rodeado de mar, sus senderos ofrecen inigualables vistas del Mediterráneo.

### A PIE POR EL CAP DE CREUS

La ruta circular que detallamos a continuación es solo una muestra de las muchas posibilidades que ofrece la zona para los amantes del senderismo. El propio Parque Natural ha diseñado una quincena de itinerarios circulares que permiten descubrir sus valores naturales y culturales a tra-

vés de antiguos caminos tradicionales. Podemos encontrar estas rutas, con descarga de folletos explicativos en pdf, en la web oficial del parque, así como en la página de Wikiloc (usuario: Parc Natural de Cap de Creus).

### Del Port de la Selva a Cadaqués

**DISTANCIA:** 23,42 km
**DESNIVEL:** 830 m.
**DIFICULTAD:** exigente.
**HORARIO:** 8 h 45 min.
**MAPA:** https://desni.in/njdbg

Este itinerario circular nos permitirá conocer muchos de los atractivos de este Parque Natural. Inicia en el aparcamiento cercano a la playa de La Ribera, desde donde sale en sentido norte por la línea de la costa. Siguiendo las indicaciones del GR-11, el itinerario empieza a subir por la Tamariua. Pasamos una zona de antiguas terrazas con márgenes de piedra seca, un vestigio de la arquitectura tradicional (siglos XVII al XIX) que hoy sirve de refugio a pequeños animales y plantas.

# PROPUESTAS ECOTURÍSTICAS

Planteadas desde el respeto al valioso entorno en el que se realizan, estas propuestas buscan estrechar el contacto del visitante con el medio, ya sea sumergiéndose en sus aguas, disfrutando de sus atardeceres o admirando sus formaciones rocosas.

VELA BRAVA

### • Kayak y snorkel en la Costa Brava

Disfruta de una experiencia combinada de kayak y snorkel por las aguas cristalinas del Parque Natural de Cap de Creus. Descubre las calas escondidas y la rica vida marina en una actividad apta para todos los niveles. Acompañado de un guía acreditado, se navega en kayak doble por la bahía de Llançà hasta desembarcar en la zona de Cap Ras. La sesión de snorkel se realiza en la playa de Canyelles, cuyo rico fondo marino forma parte de la Red Natura 2000.
**Contacto:** Kayak Costa Brava, *info@kayakcostabrava.com* y *https://kayakcostabrava.com/es*

KAYAK CENTER GUIXOLS

JOAN DIVI FIGUERAS

### • Puesta de sol desde un velero

Navega por el Parque Natural de Cap de Creus en un velero y disfruta de una espectacular puesta de sol. Con un patrón profesional, podrás relajarte mientras descubres rincones ocultos de la costa. Se navega hasta Cala Fornells, incluyendo en la actividad un baño opcional y disfrutar de un aperitivo, regresando al club náutico con las últimas luces del día.
**Contacto:** Vela Brava, *info@velabrava.cat* y *https://velabrava.cat/es*

### • Rocas surrealistas en el paraje de Tudela

Ruta guiada que permite descubrir un espacio de gran interés geológico, el Paraje de Tudela, una de las zonas más emblemáticas del Parque Natural. La erosión causada por agua y viento ha moldeado las rocas en formas caprichosas que evocan figuras como camellos, águilas o morsas, despertando la imaginación de los visitantes. Durante la visita, también se explora la fascinación que el lugar despertó en Salvador Dalí.
**Contacto:** Rutes Cadaqués, *info@rutescadaques.com* y *www.rutescadaques.com/es*

ACT/ ORIOL ALAMANY

Derecha, una familia junto al tren turístico *Roses Exprés*, que ofrece una forma diferente de visitar el Cap de Creus. Debajo, la Torre de Norfeu, en la Reserva Natural Integral del Cap Norfeu. En la página derecha, un ciclista disfrutando de las vistas a Cadaqués.

ACT / NANO CAÑAS

Descubrimos después la ermita de Sant Baldiri de Taballera, cercada por una muralla. Después el trazado avanza por el collado de Maó. Donde encontraremos una masía abandonada del siglo XV. Cuando llegamos a una bifurcación, se abandona el GR y cambia el sentido de la ruta al sur. Siguiendo por pista, se encuentra el collado de Sa Devesa y desciende para llegar a Cadaqués. Después de visitar este imprescindible pueblo, el itinerario sube por el GR-92 entre matorrales hasta el collado entre el monte de L'Infern –donde podremos

ACT / ORIOL ALAMANY

## Más información

- **Web de referencia:**
https://parcsnaturals.gencat.cat/es/xarxa-de-parcs/cap-creus/inici
- **Punto de información del Parque Natural de Cap de Creus:** Monasterio de Sant Pere de Rodes, El Port de la Selva. Tel. 972 19 31 91 y pncapcreus@gencat.cat
- **Punto de información de Espacio Cap de Creus:** Faro de Cap de Creus.
- **Punto de información en el Parque en Vilajuïga:** Passeig Catalunya s/n.
- **Punto de información Corral d'en Morell:** Carretera de Cadaqués a Cap de Creus, zona s'Alqueria.
- **Oficina de Turismo de Cadaqués:** Carrer d'es Cotxe, 1. Tel. 972 25 83 15 (www.visitcadaques.org)
- **Oficina de Turismo de Roses:** Av. Rodhe, 101. Tel. 972 150 537 (https://visit.roses.cat/es)
- **Oficina de Turismo de Llança:** C/ Campordon, 16. Tel. 972 380 855 (www.visitllanca.cat/es)
- **Oficina de Turismo de El Port de la Selva:** C/ Illa, 13. Tel. 972 387 122 (https://www.elportdelaselva.cat/es)
- **Más información:** www.visitpirineus.com/es www.catalunya.com/es www.costabrava.org/es

disfrutar de unas espectaculares vistas del Cap de Creus– y el monte de Els Bufadors, donde hay otra masía histórica, hoy en ruinas. Desde aquí se baja para regresar a El Port de la Selva, siguiendo las marcas blancas y rojas.

### • TRES RUTAS EN BICI POR EL CAP DE CREUS

Pedalear con vistas al mar hacia un lado y a la montaña al otro lado es un privilegio que ofrece este Parque Natural. Eso sí, en muchos de sus recorridos hay que afrontar exigentes subidas, o bien bajadas técnicas por el característico terreno rocoso de la zona. Os traemos aquí tres propuestas, escogidas de entre los variados caminos ciclables que surcan el territorio:

- **De Cadaqués a Cala Jóncols:** esta es una de las rutas más fáciles para hacer en bici por la

zona. Desde el pueblo de Cadaqués, que está al nivel del mar, hay que tomar la antigua carretera de tierra Cadaqués-Roses, que va subiendo hasta llegar a una valla antiincendios. Una vez la hemos saltado con la bici, empieza una bajada bastante directa que también supera otra valla antes de llegar a nuestro destino, en cala Jóncols. En total habremos recorrido 20 kilómetros (solo ida) de pista, que resulta fácil de seguir.

• **De Cadaqués a Port de la Selva:** esta ruta es más exigente, adentrándonos de lleno en el Parque Natural. Transcurre por pista excepto un tramo de unos 100 m por un camino estrecho y rocoso que se supera caminando. El itinerario sale del cementerio de Cadaqués hacia Port Lligat; pasa por la casa-museo de Dalí y llega a S'Alquería. Después hay que cruzar la carretera a Cap de Creus y tomar un camino que lleva al antiguo Mas Duran. 1 km después, nos desviamos a la derecha para coger el Camí de la Mina, el cual seguimos hasta bajar a Port de la Selva.

• **La subida a Sant Sebastià:** más que una ruta es un reto de una subida de 4 km con un desnivel de 300 m que lleva desde el antiguo hotel Roca Mar hasta la casa 'Guinness' y la ermita de Sant Sebastià, patrón de Cadaqués, cerca de la cima del Pení (613 m). El camino termina justo antes de la ermita, en un mirador con espectaculares vistas sobre Cadaqués y toda la península de Cap de Creus. Bajada por el mismo camino, con fuerte pendiente.

**Información sobre estas rutas en:**
*www.visitcadaques.org*

El Parque Nacional de Aigüestortes i Estany de Sant Maurici alberga unos 200 lagos (estanys) de diferentes tamaños. En la imagen, uno de ellos: el Estany Tort, en cuyo borde se distingue el refugio de montaña Josep Maria Blanc.

# PARQUE NACIONAL DE AIGÜESTORTES I ESTANY DE SANT MAURICI

El único Parque Nacional de Cataluña abarca una de las zonas
más bellas no solo del Pirineo catalán, sino de todo el territorio
pirenaico. Estamos en un entorno de alta montaña, surcado de
valles, lagos glaciares y cumbres que superan los 3000 metros,
que ofrece un sinfín de posibilidades para recorrerlo
y disfrutarlo caminando.

ACE más de 50.000 años, los glaciares, maestros escultores del paisaje, fundieron sus lenguas de hielo, erosionando y dando forma a los grandiosos valles y montañas que hoy conforman el Parque Nacional de Aigüestortes i Estany de Sant Maurici. Estamos ante el único Parque Nacional de Cataluña y uno de los 16 espacios naturales protegidos de la Red de Parques Nacionales de España, creado el 21 de octubre de 1955, constituyendo el quinto Parque Nacional de España y el segundo de los Pirineos, que pronto cumplirá su 70 aniversario.

Esta singularidad nos da una pista sobre la importancia de su valor ecológico y natural, así como histórico y cultural. El agua es un elemento que se impone entre sus montañas, tanto en sus más de 200 lagos como en los ríos que serpentean desde las cumbres a los valles, formando pozas y cascadas. Los picos circundantes su-

peran los 3000 metros de altitud, como los Besiberris Norte y Sur (con 3009 y 3017 metros respectivamente), la desafiante Punta Alta de Comalesbienes (3014 m). Y cerca llegan también otras emblemáticas cumbres inscritas en el Parque Nacional, como las icónicas agujas gemelas de Els Encantats, la cima del Montardo y sus inigualables vistas o el Gran Tuc de Colomers, rodeado de lagos.

El Parque Nacional de Aigüestortes i Estany de Sant Maurici presenta una superficie de cerca de 40.000 hectáreas (de las cuales 14.000 corresponden al parque estrictamente) que se encuentran repartidas entre las comarcas leridanas de Alta Ribagorça, Pallars Sobirà, Pallars Jussà y Val d'Aran. El parque está dividido en dos sectores diferenciados: por un lado Aigüestortes, situado en la Alta Ribagorça, accesible desde la Vall de Boí y por otro lado Sant Maurici, en el Pallars Sobirà, con acceso desde Espot.

## Entre aguas tortuosas

Cada uno de los valles que lo conforman tiene unas características particulares que alimentan su rica biodiversidad. En la zona baja, el paisaje de Aigüestortes está formado por prados alpinos y bosques densos de pinos negros y abetos. Es el corazón del parque, con ríos que forman los característicos *aigüestortes* o aguas tortuosas. Por su parte, el Estany de Sant Maurici, dominado por su emblemático lago y las agujas de Els Encantats, ofrece una estampa inolvidable. En la zona de Colomèrs y su circo glaciar, con más de 50 lagos interconectados, nos envuelve el ambiente de alta montaña. Ya en las cotas altas, los bosques van dando paso a matorrales de rododendros y prados de alta montaña, en ocasiones salpicados de genciana alpina y otras flores endémicas. Si tenemos suerte y nuestro caminar es sigiloso, podemos encontrarnos con los animales que tienen aquí su hábitat, como el rebeco pirenaico

ARCHIVO ARA LLEIDA / ORIOL CLAVERA

La gran cascada del Sant Esperit, una de las muchas que encontramos en el Parque Nacional. Derecha, ruta por el Estany Llong, con el Portarró d'Espot al fondo.

o la marmota. Sobrevolando los cielos vigilan aves como el majestuoso quebrantahuesos o el águila real; entre los matorrales se esconden el urogallo o la perdiz blanca, mientras que en sus aguas frías se resguardan especies tan singulares como el desmán de los Pirineos o los tritones.

## Paisaje natural y humano

Pero el Parque Nacional de Aigüestortes i Estany de Sant Maurici no debe entenderse como un espacio aislado del resto del territorio. Los asentamientos de los pueblos y las actividades de sus gentes han moldeado el paisaje. En especial la Edad Media dejó un impacto importante en la región, con un excepcional legado en arte románico. Esto es muy patente en los pueblos que conforman la Vall de Boí, donde se encuentra uno de los conjuntos románicos más importantes de Europa, declarado Patrimonio de la Humanidad, con iglesias como Sant Climent y Santa Maria de Taüll, o Santa Eulàlia de Erill la Vall. Las tradiciones ancestrales también son características de

En muchos lugares hay instaladas pasarelas accesibles para personas con movilidad reducida (como en el Estany de Sant Maurici; derecha). Debajo, celebración de la fiesta de las Fallas frente a la iglesia de Sant Climent de Taüll, y al lado, la iglesia de Erill la Vall, ambas inscritas en el conjunto de iglesias románicas de la Vall de Boí declaradas Patrimonio de la Humanidad por la UNESCO.

AGENCIA CATALANA DE TURISMO / INMEDIA SOLUTIONS S.L

ARCHIVO ARA LLEIDA / ORIOL CLAVERA

ARCHIVO ARA LLEIDA / ORIOL CLAVERA

esta región. Entre ellas destacan las Fallas del Pirineo, que se celebran en torno al solsticio de verano (o en el de invierno en algunos lugares), descendiendo con antorchas desde las montañas hasta los pueblos, creando una espectacular serpiente de fuego que culmina con hogueras, bailes y fiestas populares (como la Crèma deth Taro en Arties o la Crema deth Haro en Les, ambas declaradas Patrimonio Inmaterial de la Humanidad por la UNESCO).

El desarrollo de estas comarcas tiene como prioridad el turismo sostenible, potenciando un crecimiento respetuoso con su valiosa biodiver-

sidad. Recientemente la Val d'Aran ha sido reconocida con el certificado Reserva de la Biosfera de la UNESCO. Para facilitar la visita, el Parque Nacional ofrece diversos servicios alineados con su política de conservación. Destacan los puntos de información y una red de refugios de montaña que permiten disfrutar de la experiencia de manera segura. El acceso en vehículos particulares está prohibido. Existen servicios de transporte público desde los pueblos cercanos, como taxis autorizados y autobuses. En algunas zonas, como la Vall Fosca, también se puede usar el teleférico (en temporada alta) para acortar recorridos.

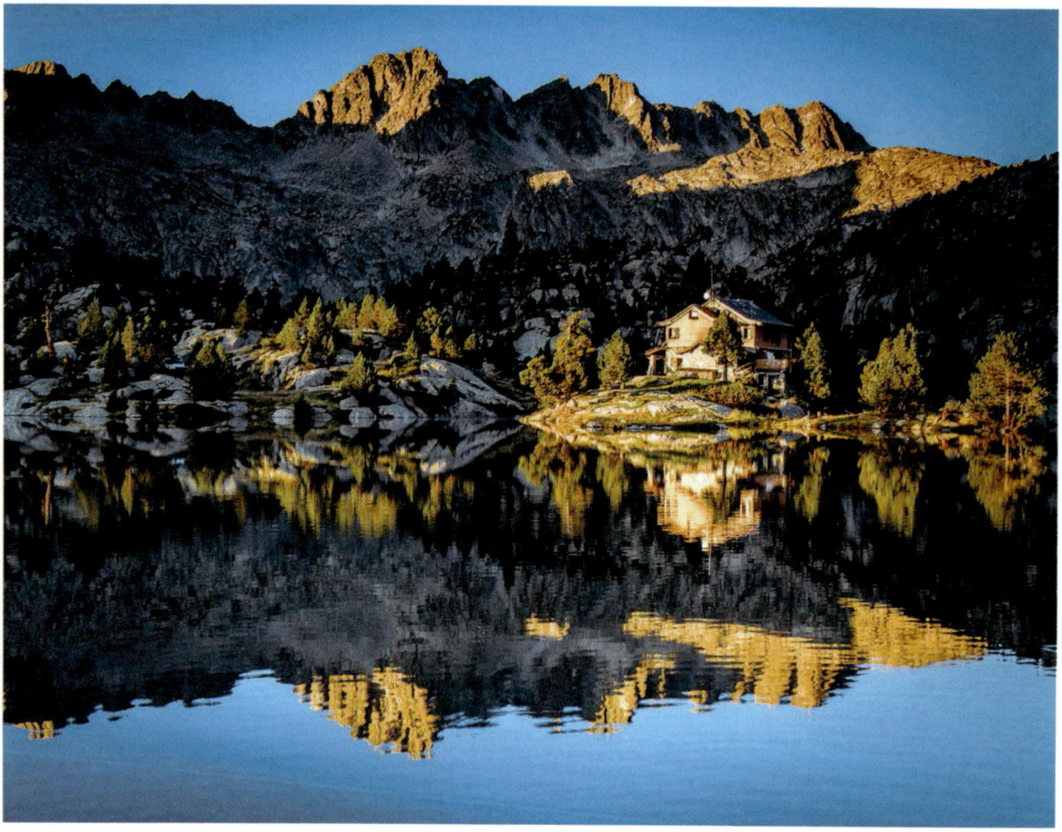

No hay mejor forma de conocer el territorio que recorrerlo paso a paso. Las red de caminos que ofrece es casi inabarcable, con múltiples opciones que varían en cuanto a nivel, recorrido, destinos y paisajes. Algunos pueden hacerse en media hora y en otros hay que destinar unos cuantos días y estar bien preparados físicamente, o incluso tener conocimiento de las técnicas de alpinismo. También hay que tener en cuenta que durante una buena parte del año, en los inviernos, es probable que gran parte del territorio esté cubierto de nieve, por lo que hará falta el uso de equipamiento invernal específico. Igualmente hay que advertir que algunos senderos son pedregosos o pasan por lugares un poco expuestos para gente sensible a las alturas.

A continuación ofrecemos algunas sugerencias de rutas, esperando que estas muestras inviten a seguir explorando a pie su singular belleza.

## • CARROS DE FOC, legendaria ruta circular por los 9 refugios

**DISTANCIA:** 65 km.
**DESNIVEL:** 9200 m.
**ETAPAS:** 5 a 7 días.
**SEÑALIZACIÓN:** GR11, en algunos tramos marcas amarillas o hitos.
**MAPA:** https://desni.in/efacq
**WEB:** www.carrosdefoc.com

*Carros de Foc* es la travesía más reconocida de los Pirineos de Cataluña, que conecta 9 refugios de alta montaña dentro del Parque Nacional de Aigüestortes i Estany de Sant Maurici. Con 65 km de recorrido y más de 9000 metros de desnivel acumulado, se trata de un exigente reto deportivo en alta montaña, que atraviesa picos y collados como el Collado de Contraix que, con 2745 m, es el punto más elevado del recorrido. Con una altitud media de 2400 metros, pasa por otros collados emblemáticos como el Port de Ratera

(2594 m) o la Collada de Dellui (2577 m), junto a montañas como Els Encantats, los picos de Peguera o el Gran Tuc de Colomers.

El origen de esta ruta se remonta a 1987, cuando los guardas de los refugios del Parque Nacional de Aigüestortes i Estany de Sant Maurici decidieron realizar una travesía que uniera todos los refugios en un solo día, como reto personal y de camaradería. Lo que comenzó como un desafío entre amigos se convirtió, con el tiempo, en una ruta oficial y reconocida, atrayendo a senderistas de todo el mundo. Hoy es uno de los trekkings con más prestigio en Europa, incentivando la creación de otras travesías de montaña.

El nombre *Carros de Foc* (Carros de Fuego) evoca la idea de velocidad y desafío, inspirado en la hazaña original de los guardas de refugios que unieron todos los puntos en una travesía de un solo día, cual si fueran carros ardientes

*A la izquierda, primeras luces sobre el refugio de Josep Maria Blanc, junto al lago Tort de Peguera; y arriba, el Circo de Colomer, con el lago y refugio del mismo nombre; son dos de los nueve refugios por los que pasa la travesía Carros de Foc.*

cruzando los cielos de las montañas pirenaicas. Al recorrerlo, el senderista se va empapando de paisajes extraordinarios, disfrutando de algunas de las mejores vistas de los Pirineos de Cataluña. Desde altivas cumbres rocosas a verdes prados, laderas pedregosas y lagos de origen glaciar. Los atardeceres de tonos naranjas y rosas, especialmente desde puntos altos como el refugio de Amitges, nos harán sentir toda la magia que emana de sus montañas y valles.

Los refugios que marcan las etapas son: Amitges, Saboredo, Colomers, Restanca, Ventosa i Calvell, Estany Llong, Josep Maria Blanc, Mallafré y Colomina. Se encuentran en altitudes de entre 1900 a 2400 metros, ubicados en puntos estratégicos del parque, conectando los valles, circos glaciares y montañas. Cada uno proporciona un lugar de descanso con servicios básicos y ambiente acogedor, ideal para reponer energías tras la jornada de caminata.

Para hacer el recorrido básico de *Carros de Foc* se necesitan entre 5 y 7 días, pudiendo empezar en cualquiera de los refugios y continuar en el sentido que se desee. Es importante realizarlo con reserva previa en los refugios, especialmente en temporada alta. Advertir que es un camino de alta montaña que, en condiciones de mal tiempo, puede ser complicado. En caso de duda, es preferible valorar la opción de contratar a un guía, muy recomendable, o bien optar por rutas más fáciles.

Hay que tener en cuenta que el itinerario no dispone de un marcaje especial. En algunos tramos comparte camino con el GR 11, donde encontraremos marcas de pintura roja y blanca. Otros tramos están marcados con estacas de madera pintadas de amarillo y la mayor parte del tiempo seguiremos el camino gracias a los hitos (montoncitos de piedras). El uso del mapa es imprescindible.

Si se desea, se puede adquirir un "carnet de paso" que nos irán sellando en todos los refugios por los que pasemos. Aunque lo más recomendable es realizarlo en verano, hay quien se aventura a recorrerlo en época invernal, provistos de raquetas o esquís y crampones. Es necesario tener experiencia en montañismo para hacerlo en esta estación.

*Carros de Foc* es más que un sendero: es un desafío físico y espiritual en la zona más alta de los Pirineos de Cataluña, una oportunidad de conectar con la naturaleza y admirar paisajes que dejan una huella imborrable.

Abajo, un excursionista por el valle de Monestero, uno de los más salvajes y tranquilos del Parque Nacional de Aigüestortes i Estany de Sant Maurici. A la derecha, imagen otoñal del Estany de Llebreta, en el valle de Sant Nicolau.

### • PEDALS DE FOC,
**una vuelta completa en bici**

Se trata de una ruta circular para realizar en bicicleta de montaña, que recorre el perímetro del Parque Nacional de Aigüestortes i Estany de Sant Maurici. Parte de la boca sur del túnel de Vielha y finaliza en Vielha, la capital de la Val d'Aran.

Tiene una longitud de 220 kilómetros y un desnivel positivo acumulado de 5800 metros. El recorrido se puede realizar en distintas etapas, adaptando el nivel de exigencia deseado. La alternativa más suave es hacerlo en seis etapas y en compañía de un guía, pero se puede ir aumentando el reto hasta recorrerlo en tres o incluso en menos días. De hecho, tiene una versión non-stop, que se celebra a finales de junio, y que consiste en hacer la ruta de un tirón o en un máximo de dos días. Se ha constituido en referente internacional de las marchas ultrama-ratón en BTT, tanto por su dureza como por su belleza. Forma parte del primer circuito MTB Ultramarathon Series de Pedales del Mundo.

Circula por caminos y pistas forestales típicas de montaña, senderos y veredas, aprovechando las infraestructuras hoteleras y de turismo rural de la zona. Recorre las comarcas de la Val d'Aran, el Pallars Sobirà, el Pallars Jussà y la Alta Ribagorça, atravesando lugares mágicos como el bosque de Gerdar –el abetar más grande de la Península– pueblos abandonados o puertos como el de l'Oli o el mítico Triador, a unos 2100 m de altura. Es, en definitiva, una de las más recomendables rutas a realizar en bicicleta de montaña para disfrutar de los incomparables paisajes del Pirineo leridano. El verano es la época propicia para realizarla.

**Toda la información en:** *https://www. pedalesdelmundo.com/es/rutas/pedals-de-foc*

# PROPUESTAS ECOTURÍSTICAS

Estas actividades invitan a conectar de un modo más intenso con los tesoros naturales del Parque Nacional de Aigüestortes i Estany de Sant Maurici, planteadas con un máximo respeto hacia el entorno.

### • Caminatas por la nieve

Salida guiada con raquetas de nieve, conducida por un guía intérprete del Parque Nacional de Aigüestortes i Estany de Sant Maurici, que nos permitirá descubrir los secretos del invierno. La actividad se lleva a cabo en los municipios de Boí y Espot.

### • Observación astronómica bajo un cielo *Starlight*

Actividad de descubrimiento de las estrellas en uno de los mejores cielos nocturnos de Cataluña, reconocido en 2018 como Destino Turístico y Reserva *Starlight*, con una calidad excepcional para la observación astronómica, libre de contaminación lumínica. Guiados por expertos en astronomía, se utilizarán telescopios y otros instrumentos para identificar constelaciones, planetas y otros cuerpos celestes. Además, se compartirán curiosidades y datos sobre la importancia de preservar la oscuridad natural para la biodiversidad y el bienestar humano. Se realiza en los municipios de Vall de Boí, la Torre de Capdella, Sort y Espot.

ARCHIVO ARA LLEIDA / ORIOL CLAVERA

ARCHIVO ARA LLEIDA / IOLANDA SEBÉ

ARCHIVO FGC / PHOTOSET

### • Pastorear el rebaño

Acompañaremos a un pastor o pastora de la Vall d'Àssua para conocer las tareas diarias que realiza con su rebaño de ovejas xisquetas, una raza autóctona del Pirineo catalán. La experiencia ofrece una inmersión en la vida rural y pone en valor el vínculo entre las prácticas ganaderas tradicionales y el entorno natural. Se desarrolla en el municipio de Sort.

**Organizador de las tres propuestas:**
Parque Nacional de Aigüestortes i Estany de Sant Maurici.
**Web:** *https://parcsnaturals.gencat.cat /es/xarxa-de-parcs/aiguestortes/inici*
**Contacto:** *pnaiguestortes@gencat.cat.*

Arriba, en la antigua vía del Carrilet del Estany Gento, un vestigio de una línea ferroviaria estrecha (*carrilet*) utilizada para transportar materiales, hoy reconvertida en sendero de la red de *Camins Vius*.

## • CAMINS VIUS,
### red de senderos tradicionales

**DISTANCIA:** 238 km.
**ETAPAS:** de 5 a 9 días.
**SEÑALIZACIÓN:** marcas GR (roja y blanca), hitos y paneles informativos.
**WEB:** www.caminsvius.com

**MAPA:** https://desni.in/ebc8n

La red *Camins Vius* (Caminos Vivos) nació en 2001 como una iniciativa de turismo de naturaleza para recuperar, valorar, señalizar y conservar los caminos históricos del entorno del Parque Nacional de Aigüestortes i Estany de Sant Maurici. Surca los senderos que utilizaban antiguamente tanto vecinos como pastores, arrieros, soldados, carabineros, contrabandistas o viajeros. Abarca seis valles que se inscriben en el parque: las Valls d'Àneu, la Vall d'Àssua, la Vall Fosca, la Vall de Boí, el Valle de Barrabés y la Val d'Aran, a través de tres puertos históricos: Vielha, la Bonaigua y Rus.

Hay dos propuestas oficiales de ruta circular a realizar en 5 o 7 jornadas respectivamente. La primera, de 5 días, tiene un recorrido de 95 km con inicio en Vielha y paradas en Baqueira, Espot, Boí y Aneto, para volver al punto de partida. La etapa más dura es la última, en la que hay que recorrer 23,5 km, con un desnivel de más de 800 metros.

Si tenemos más tiempo, podemos ampliar el recorrido hasta 7 etapas, sumando 122 km. En esta alternativa, además de las etapas anteriores, se hace también pernocta en Gerdar de Sorpe (entre Baqueira y Espot) y en el refugio de la Colomina (entre Espot y Boí), manteniendo la última larga etapa hasta Vielha. Son propuestas para caminantes con experiencia, por lo que es recomendable contratar a un guía si no estamos plenamente seguros de nuestras capacidades de orientación y de resolución de todos los imprevistos que pueden surgir en la montaña.

Estas rutas circulares son solo dos opciones de las muchas que ofrece esta red de senderos a pie. Sus diferentes tramos y distintas variantes se pueden adaptar al nivel, forma física y disponibilidad del caminante, desde recorridos de unas pocas

Paseo junto al Estany de Sant Maurici, con vistas una de las agujas más emblemáticas del parque, con doble cumbre: Petit Encantat (2734 m) y Gran Encantat (2748 m). A la derecha, espectacular vista desde el Estany d'Amitges.

horas en una sola jornada, a rutas de fin de semana o de una semana completa.

*Camins Vius* cuenta con una señalización propia: a lo largo del itinerario encontraremos paneles informativos y señales direccionales, además de los clásicos hitos y pinturas GR, así como carteles con información general de la ruta en los núcleos más importantes. Encontraremos una amplia variedad de alojamientos en los pueblos, en los que es recomendable acudir con reserva previa, especialmente en temporada alta.

La época para realizar los itinerarios se dilata a lo largo del año, si bien durante el invierno los pasos más altos no se pueden atravesar a causa de la nieve. Lo más recomendable para realizar las rutas circulares más largas es durante el verano (la temporada se puede alargar desde junio hasta octubre), cuando los caminos están libres de nieve y se puede disfrutar sin riesgo de los increíbles paisajes que ofrece esta región del Pirineo catalán.

### • EXCURSIONES DE UN DÍA

Hay una amplia variedad de excursiones que podemos realizar en una jornada. En los centros de información del Parque Nacional de Aigüestortes i Estany de Sant Maurici ofrecen folletos con una selección de las más recomendables para cada uno de los valles de este espacio natural protegido. Todos estos caminos se pueden realizar cómodamente en una mañana o como máximo en un día de marcha. Normalmente están bien marcados y señalizados, y se hace un mantenimiento adecuado de ellos, lo que garantiza poder recorrerlos con seguridad. El folleto correspondiente detalla brevemente las características principales y la dificultad de cada camino, acompañado de un mapa. También podemos encontrar los tracks en la página de Wikiloc del propio Parque Nacional (usuario "PNAESM"). Aunque son itinerarios accesibles, no hemos de olvidar que estamos en un terreno de montaña.

### • SUBIDA AL BESIBERRI

**DISTANCIA:** 3,21 km.

**DESNIVEL:** 492 m.

**HORARIO:** 1 h (solo ida).

**MAPA:** https://desni.in/cxgkm

Este itinerario tiene una dificultad técnica moderada y permite apreciar los magníficos hayedos presentes en este sector. No es una ruta circular, sino de ida y vuelta por el mismo camino. Durante el recorrido podremos observar el perfil escalonado del valle y las cascadas, resultado de la acción de los antiguos glaciares. Pasado el Estany Gran, el camino continúa hacia el Estanyet, donde se encuentra el refugio de Besiberri, de 16 plazas, que es una buena base para efectuar ascensiones y escaladas de mayor entidad.

### • AL MIRADOR DEL ESTANY DE SANT MAURICI

**DISTANCIA:** 6,6 km.

**DESNIVEL:** 400 m.

**HORARIO:** 2,30 h. **MAPA:** https://desni.in/6fwxn

Se trata de una ruta circular, sin dificultad técnica, perfecta para realizar en familia y que permite tener una visión general de la cuenca alta del río Escrita. Durante todo el recorrido se disfruta de un paisaje realmente espectacular, dominado por picos y crestas recortadas.

### • PEQUEÑO CIRCUITO DEL CIRCO DE COLOMÈRS

**DISTANCIA:** 3,93 km.

**DESNIVEL:** 149 m

**HORARIO:** 2 h (circular).

**MAPA:** https://desni.in/7pq84

Ruta circular que nos llevará a recorrer algunos de los lagos del circo de Colomèrs, donde se encuentra la mayor concentración de lagos de todo el Pirineo. También tenemos la opción de dormir en el refugio de Colomèrs para así poder explorar otros rincones, lagos, cimas y crestas que conforman este magnífico circo glacial.

AGENCIA CATALANA DE TURISMO / SERGI BOIXADER

## Más información

- **Web de referencia:**
https://parcsnaturals.gencat.cat/es/xarxa-de-parcs/aiguestortes
- **Red de Parques Nacionales:**
https://parquesnacionales.cnig.es/web/cnig/aiguestortes-i-estany-de-sant-maurici
- **Torisme Val d'Aran:**
www.visitvaldaran.com
- **Turismo Alta Ribagorça:**
www.turismealtaribagorca.cat/es
- **Turismo Pallars Sobirà:**
https://turisme.pallarssobira.cat
- **Turismo Pallars Jussà:**
www.pallarsjussa.net/es
- **Casa del Parque de Boí:**
C/ de les Graieres, 2. Tel: 973 69 61 89
- **Casa del Parque d'Espot:**
C/ Prat del Guarda, 4. Tel: 973 62 40 36
- **Centro de información de Llessu (Pallars Sobirà):**
Escoles de Llessui, s/n. Tel: 973 62 17 98
- **Centro de información de Senet (Alta Ribagorça):**
Carrer del Port, 10. Tel: 973 69 82 32
- **Más información:**
www.visitpirineus.com/es
www.catalunya.com/es
www.aralleida.cat/es

# Muchas más actividades en los Pirineos de Cataluña

Tanto en los siete espacios naturales protegidos mostrados en las páginas precedentes (cuya agenda se encuentra al final de este apartado), como en el conjunto de los Pirineos catalanes, la completa agenda de actividades que se pueden realizar en cualquier estación no deja espacio para el aburrimiento.

CUANDO las montañas se cubren de blanco, los Pirineos de Cataluña ejercen un atractivo especial para los amantes del esquí en todas sus modalidades. En las proximidades de los espacios protegidos encontramos algunas de las mejores estaciones de todo el estado, como la emblemática Baqueira-Beret, próxima al Parque Nacional de Aigüestortes i Estany de Sant Maurici, con sus modernas instalaciones y amplias pistas. También muy cerca se encuentra la estación de Boí Taüll, la más alta de todos los Pirineos, conocida por su excelente calidad de nieve y su ubicación privilegiada junto a los atractivos de la Vall de Boí. En el entorno del Parque Natural de l'Alt Pirineu se sitúa Port Ainé, conocida por su orientación norte, que le garantiza una de las mejores calidades de nieve durante toda la temporada; o dentro del mismo parque, la pequeña estación de Sant Joan de l'Erm es un paraíso para los esquiadores de fondo, rodeada de bosques y tranquilidad. Esta modalidad también se puede practicar en la estación de Tuixent-La Vansa, con inmejorables vistas a la sierra del Cadí; un paisaje que también nos brinda la decana estación de La Molina. Ya ha quedado mencionada en el artículo sobre el Parque Natural de las Cabeceras del Ter y del Freser la estación de Vall de Núria, en pleno corazón de este espacio, y muy cerca encontramos Vallter, que ofrece en días despejados espectaculares vistas del Mediterráneo desde sus cotas más altas y en la que podemos practicar tanto esquí alpino como de montaña, excursiones con raquetas o bajadas con trineo. La proximidad a áreas protegidas de gran valor ecológico, con un entorno natural impresionante, aporta un valor añadido a todas estas propuestas.

## Museos para todo el año

En cualquier estación, haga frío o calor, encontraremos inspiración y aprendizaje en los múltiples espacios museísticos y el rico patrimonio de los Pirineos de Cataluña. Entre otros, podemos visitar el Museo de les Trementinaires, en la localidad de Tuixent, en la vertiente sur del Parque Natural del Cadí-Moixeró, donde aprenderemos sobre las costumbres de estas mujeres sabias, recolectoras de hierbas medicinales. El innovador Ecomuseu de les Valls d'Àneu, a medio camino entre el Parque Nacional y el Parque Natural de l'Alt Pirineu, nos permite adentrarnos de una manera activa y participativa en las formas de vida del Pallars de principios del siglo XX. Otro buen ejemplo es el

ARCHIVO ARA LLEIDA/ JORDI RULLÓ

Equí alpino en Baqueira (arriba) y esquí nórdico o de travesía en el Circ de Colomèrs (izquierda); dos de las múltiples opciones para el deporte blanco del Pirineo catalán. Abajo, festival de música en Llanars, comarca del Ripollès.

*Espai Cràter* de Olot, en el P.N. de la Zona Volcánica de la Garrotxa, que nos introduce en la fascinante naturaleza geológica de la Tierra. O el Museo dels Sants en esta misma localidad, que fue el primer taller de imaginería religiosa, fundado en 1880. Y no olvidamos la Casa-Museu de Salvador Dalí en Portlligat, una de las joyas del P.N. de Cap de Creus.

## Festivales y fechas a tener en cuenta

Entre otros eventos destacados a lo largo del año en los Parques Naturales de los Pirineos de Cataluña, encontramos el Festival Festi'Flora, un encuentro veraniego en el Parc Natural de las Cabeceras del Ter y del Freser, cuyo objetivo es la conservación, divulgación y mejora del conocimiento de la flora pirenai-

ca. Por su parte, el Parque Natural dels Aiguamolls de l'Empordà organiza a principios de diciembre el Festival de las Aves, un encuentro dedicado a la observación y estudio de los pájaros. Otra fecha a marcar en el calendario es el 24 de mayo, Día Europeo de los Parques, una jornada que se conmemora con encuentros, jornadas de voluntariado y otras iniciativas que buscan poner en valor los atractivos de estos espacios protegidos, a la vez que concienciar sobre la necesidad de su protección.

ARCHIVO PTCBG / XÈNIA GASULL

ARCHIVO ARA LLEIDA/ FELIPE VALLADARES

La *Crèma deth Tarò* de Arties forma parte de las llamadas Fallas del Pirineo, que fueron declaradas Patrimonio Inmaterial de la Humanidad por la Unesco en 2015. Abajo, en el Museo dels Sants, en Olot.

TORISME VAL D'ARAN / VALDARANPHOTOS

Fuera del territorio de los Parques Naturales, pero en localidades próximas que guardan un vínculo estrecho con los espacios protegidos, encontramos otras citas de gran atractivo turístico. Una de las imprescindibles es el Carnaval de Solsona, Fiesta de Interés Turístico Nacional desde 1978, con su característico baile de gigantes locos; o también La Patum de Berga, que tiene lugar durante la festividad del Corpus Christi, declarada Obra Maestra del Patrimonio Oral e Inmaterial de la Humanidad por la UNESCO en 2005, una de las celebraciones más singulares y espectaculares de Cataluña, que combina danzas, fuego, música y figuras simbólicas. Tampoco podemos olvidar las Fallas del Pirineo y otras variadas fiestas en torno al fuego, de gran arraigo en las comarcas pirenaicas de Cataluña.

Cada Parque Natural, así como el Parque Nacional, organizan múltiples actividades para todos los públicos, entre las que se incluyen talleres, excursiones, juegos, exposiciones, conciertos, concursos de fotografías, jornadas de voluntariado y más.

Se puede consultar la agenda completa en:
**https://parcsnaturals.gencat. cat/es/gaudeix-dels-parcs/agenda-dactivitats**

Y más ideas en:
**www.visitpirineus.com/ es/que-hacer**

ARCHIVO PTCBG / DIEGO ESPADA